俳優・ HOSHINO GEN

星野源

守護霊メッセージ

「君は、
35歳童貞男を
演じられるか。」

Ryuho Okawa
大川隆法

本霊言は、2016年12月16日、幸福の科学 特別説法堂にて、
公開収録された（写真上・下）。

まえがき

二〇一六年のトレンドの一つとして、俳優にしてミュージシャンの星野源《ほしのげん》さんが急速に視界に入《はい》ってきた。もちろんドラマ『逃げるは恥だが役に立つ』のブレイクと、ドラマの最後に流れる「恋ダンス」のシーンがはやった効果が大きかろう。駐日米大使館員たちまで「恋ダンス」を披露《ひろう》したところを見ても、その影響力の大きさがわかろうというものだ。

私自身も二十数年も映画の製作総指揮を続けているので、俳優、タレント、歌手についても、多少の関心はある。他方、本業は宗教家なので、私が芸能系の守護霊本を出すと、「一流の証明」になると世間の一部ではささやかれているらしい。

星野源さんは、いささか異色のマルチタレントだが、本書を通じて、少しなりともその人気の秘密に迫れたら、著者としても望外《ぼうがい》の喜びである。

二〇一七年　一月十七日

幸福《こうふく》の科学《かがく》グループ創始者兼総裁《そうししゃけんそうさい》　大川隆法《おおかわりゅうほう》

俳優・星野源
守護霊メッセージ
「君は、
35歳童貞男を演じられるか。」

Contents

俳優・星野《ほしの》源《げん》 守護霊《しゅごれい》メッセージ「君は、35歳童貞男《さいどうていおとこ》を演じられるか。」

二〇一六年十二月十六日　収録
幸福の科学 特別説法堂《せっぽうどう》にて

霊言《れいげん》とは？

「霊言《れいげん》」とは、あの世の霊を招き、その思いや言葉を語り下ろす神秘現象のことです。これは高度な悟《さと》りを開いている人にのみ可能なものであり、トランス状態になって意識を失い、霊が一方的にしゃべる「霊媒《れいばい》現象」とは異なります。

守護霊《しゅごれい》霊言とは？

また、人間の本質は「霊」(「心」「魂《たましい》」と言ってもよい)であり、原則として６人で１つの魂グループをつくっています。それを、幸福の科学では「魂のきょうだい」と呼んでいます。

魂のきょうだいは順番に地上に生まれ変わってきますが、そのとき、あの世に残っている魂のきょうだいの一人が「守護霊」を務めます。つまり、守護霊とは自分自身の魂の一部、いわゆる「潜在《せんざい》意識」と呼ばれている存在です。その意味で、「守護霊の霊言」とは、本人の潜在意識にアクセスしたものであり、その人が潜在意識で考えている本心と考えることができます。

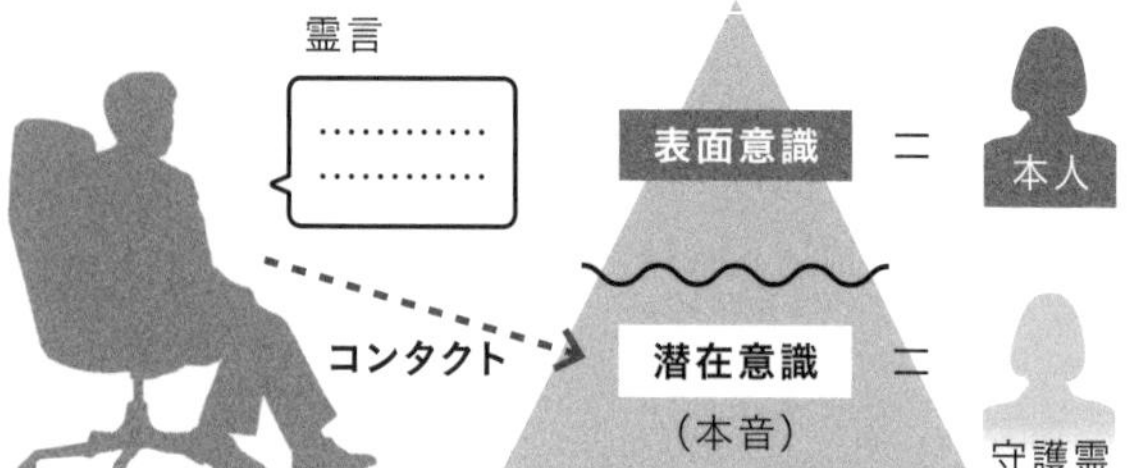

＊なお、「霊言」は、あくまでも霊人《れいじん》の意見であり、幸福の科学グループの見解と矛盾する内容を含む場合があります。

俳優・星野源 守護霊メッセージ

HOSHINO GEN

「君は、35歳童貞男を演じられるか。」

2016年12月16日　収録

幸福の科学 特別説法堂《せっぽうどう》にて

Profile

星野源《ほしのげん》（1981〜）

埼玉《さいたま》県出身。俳優・音楽家・文筆家。2000年にインストゥルメンタルバンドSAKEROCK《サケロック》を結成。一時、クモ膜下《まくか》出血のため芸能活動を休止するも、2013年公開の初主演映画「箱入り息子《むすこ》の恋《こい》」や、「地獄《じごく》でなぜ悪い」で日本アカデミー賞・新人俳優賞を受賞。また、2016年放映の主演ドラマ「逃《に》げるは恥《はじ》だが役に立つ」は大反響《だいはんきょう》を呼び、自身のエンディングテーマ曲「恋」でキャスト陣《じん》が踊《おど》る「恋ダンス」も話題となった。著書に『働く男』等がある。

Interviewer

質問者

大川紫央《おおかわしお》（幸福の科学総裁補佐《ほさ》）

磯野将之《いそのまさゆき》（幸福の科学理事 兼《けん》 宗務《しゅうむ》本部海外伝道推進室長
兼 第一秘書局担当局長）

林久美子《はやしくみこ》（幸福の科学宗務本部第三秘書局担当局長）

＊役職は収録時点のもの

1 「逃《に》げ恥《はじ》」主演の星野源《ほしのげん》の守護霊《しゅごれい》に スピリチュアル・インタビュー

年末の歌番組を観《み》たあとに現れた星野源守護霊

大川隆法　おはようございます。今日も新しい方の守護霊霊言《しゅごれいれいげん》を録《と》りたいと思っています。

実は昨日《きのう》の夜、ちょっと音楽番組を観《み》ていました。十二月で、そういう番組が多くなってきたのもあって、録画していたものを観ながら本を読んでいたのですが、そこに、「逃《に》げ恥《はじ》」と略されている「逃げるは恥だが役に立つ」（ＴＢＳ系）というテレビドラマの主演男優である星野源《ほしのげん》さんが出ていたのです。まあ、「逃げるは恥……」とは変な題を付けているなという感じもするのですが（笑）、だんだん人気が出てきているようではあります。

ただ、この星野さんは歌手でもあるということで、歌手のほうが先行していたと思われます。

それで、昨日、彼の歌をちょっと聴《き》いていたというのもあったのでしょうけれども、その後、寝《ね》る前に四人ほど私のところに来られた霊のうち、最初に来たのが星野源さんの守護霊だったのです。

ちなみに、そのときに来たのは、幸福の科学グループのニュースター・プロダクション（芸能事務所）の幹部

星野源が、IT企業に勤める35歳の「プロの独身」を演じた連続ドラマ「逃げるは恥だが役に立つ」（2016年放送／TBS）。初回の放送から視聴率は上がり続け、最終回は20.8％を記録した。原作は海野《うみの》つなみの同名漫画。

の守護霊と、外務省の幹部の守護霊、それから安倍《あべ》首相の守護霊でしたが、四人の話をいちおう聞いてから寝たわけです（笑）。

ただ、一晩《ひとばん》寝て、朝の六時ぐらいに目が覚めてから、星野源さんのことがすごく気になってきました。「やはり、ニーズがあるのかな」という感じはしたので、今日はこの方の守護霊霊言をしてみようと思います。

もっとも、「逃げ恥」を観て知るまでは、この人のことをはっきりとアイデンティファイ（認識）できていなかったというのが正直なところです。

ちなみに、私は、ニュースター・プロダクションでは、まあ、〝お飾《かざ》り〟に近いかもしれませんが、会長をしているので（笑）、スターやタレント等の研究を少しずつしてはいるのです。

「逃げ恥」は非常に動きの少ないドラマであり、些細《ささい》な心理描写《びょうしゃ》で〝もたせて〟いるので、「これでもつのか」というあたりは非常に不思議な感じがしています。普通《ふつう》はもう少しドラマ性を高めないと飽《あ》きられるのですが、ささやかな表情の動きや心理描写等でけっこうもたせているので、「そういうものも、ある意味では面白《おもしろ》いのかな」と感じました。

星野源さんは満三十五歳《さい》ですが（収録当時）、今回のドラマではちょうど三十五歳の独身男を演じています。「プロの独身」と称《しょう》し、「35歳童貞《どうてい》」の役をやっているわけです。

共演した新垣結衣《あらがきゆい》さんは、そこに家事代行の仕事をしに来るのですけれども、契約《けいやく》で結婚《けっこん》しているようなふりをすることになるという役柄《やくがら》を演じています。

まあ、この組み合わせが、ある意味では〝絶妙《ぜつみょう》〟だったのかもしれません。

「非現実な組み合わせ」だったのが面白いのではないでしょうか。

芸能界のトレンドに対し、星野源が挑発《ちょうはつ》している？

大川隆法　また、星野源さんは三十二歳のときに、「箱入り息子《むすこ》の恋《こい》」（二〇一三年公開）という映画で主演をしていて、これも似たような役でした。市役所に勤めていて、サラリーマンとしては凡庸《ぼんよう》な人物の設定だったと思いますが、外見は今回以上に、何か〝アマガエル男〟という感じのイメージで出されていました。そういう男が、社長令嬢《れいじょう》で美人ではあるけれども、目の見えない人に

星野源が35歳の童貞男・天雫《あまのしずく》健《けん》太《た》郎《ろう》を演じた初主演映画「箱入り息子の恋」(2013年公開／キノフィルムズ)。健太郎の唯一の友達はペットのカエルという設定だった。

恋をして結婚しようとするものの、阻《はば》まれたりするようなドラマの話だったのです。

それと似たような路線を今回の「逃げ恥」でも敷《し》いたのかなと思います。

ただ、星野さんの音楽活動のほうについてはよく知らなかったのですが、けっこう大きな会場でファンを集めているらしいので、こちらも意外に人気はあるようです。

それで、演技でも、あえてモテないような雰囲気《ふんいき》の役、まあ、どちらかといったら自虐的《じぎゃく》傾向《けいこう》のある男の役を演じていて、人気を取るという感じなのです。「逃げ恥」でも、「プロの独身」ということを強調しています。

最近では、アニメ映画「君の名は。」（二〇一六年公開）などでも「純愛ものが復活するのかな」というイメージを持ったので、意外にこういうものがトレンドとして出てくるような気がしているところです。

時代はデフレが続いていますが、デフレの時代というのは、原理的には、タイムマシンではありませんが、昔返りする傾向があります。物の値段が下がり、収入が減るほうに行くため、昔の生活レベルに戻《もど》っていくわけです。つまり、豪華《ごうか》で贅沢《ぜいたく》な暮らしや、そういう振《ふ》る舞《ま》いのようなものが減ってきて、もう少し貧しかった時代、昔の子供のころのような時代に戻る傾向があるのです。

実際に、この二十年余りで一世帯当たりの平均年収が百数十万円は減っているので、そのように昔戻りした感じが出ているのかなという気がします。もし、これがトレンドとして成り立つのであれば、このあたりも多少はウォッチしておく必要があるということです。

星野さんは歌手としても人気があり、「逃げ恥」の主題歌も歌っていますし、去年（二〇一五年）、今年（二〇一六年）と紅白歌合戦にも出ているようなので、こちらもある程度のところまでは地位を築いてきたのだろうと思います。これから演技としても広がるのかどうかですね。

それから、今年は「逃げ恥」以外にも、「真田丸《さなだまる》」（二〇一六年NHK大河《たいが》ドラマ）にも出ていたそうですが、私の記憶《きおく》にはないので、いったいどこで出ていたのでしょうか（笑）。

磯野　徳川秀忠《とくがわひでただ》の役で出ていました。

大川隆法　秀忠役でしたか?（笑）　ああ、そうですか。まあ、意識しないとよく分からないところもありますよね。

それはともかく、ある意味で、何か挑発《ちょうはつ》している感じもするんですが、芸能界のトレンドそのものに、「どうだ!」といった開き直りをしているようにも感じるところがあります。

クモ膜下《まくか》出血で倒《たお》れるほど働いていた星野源

大川隆法 それから、星野源さんはご自身で幾《いく》つか本を書いていて、『働く男』(文春文庫)というエッセイも出していますし、いろいろと働いたようです。

今、三十五歳ですが、もうすでに大病も経験し

『働く男』
(星野源著／文春文庫)

ていて、動脈瘤《どうみゃくりゅう》の破裂《はれつ》などで起こるクモ膜下《まくか》出血で入院されたりしたこともあるそうです。

一般的《いっぱん》にはワーカホリック（仕事中毒）の人がなりやすい病気なので、働きすぎだったのかもしれません。普通は四十代から五十代ぐらいでなることの多い病気なのではないかと思いますが、それをすでに経験していたらしいのです。「そこまで行っていたとは」と驚《おどろ》きました。

やはり、一流どころとして世間《せけん》で有名になるというのは、それほど容易なことではないということでしょう。本も書けば、映画にも出て、コンサートもたくさんやっていても、知られるところまでは、そう簡単にはいかないようです。

コンサートは、横浜《よこはま》アリーナや、さいたまスーパーアリーナ等のけっこう大きな会場でもやっているぐらいなので、ある程度の人数は集めているはずです。ただ、ファンには知られても、一般に知られるところまでは、そう簡単にはいかないものなのかもしれません。まあ、いろいろな活動をしていると、あるところでブレイクすることもあるのでしょう。

そういう意味で、「世の中で知られるようになるというのは、なかなか大変なことだなあ」という気がしています。クモ膜下出血で倒《たお》れるまで働いていて、そのあとの活動でやっと、こちらの目に入ってくるようなこともあるわけです。

さて、今日はやや意味深《いみしん》な題を付けてみたのですけれども……（笑）、まあ、たまにはそういうのもよろしいかなとは思っています。

ちなみに、共演している新垣結衣さんは、どちらかといえば清楚《せいそ》な感じがする人ではあるでしょう（写真集『新垣結衣 写真集　まっしろ』と「新潮社ムック 月刊 新垣結衣 Special」を示す）。

この人の守護霊霊言も録《と》ろうかなと思ってはいたのですけれども、ドラマがヒットしすぎて、二人とも週刊誌等に少し悪口を書かれたりもして、少し迷っていたところではありました。今日は、この人と共演してみての感想なども聞けるかもしれません。

『新垣結衣 写真集　まっしろ』
（写真：熊谷貫／小学館刊）

性格俳優型の「人気を取る秘密」を探《さぐ》る

大川隆法　ほかに気になるのは、星野源さんは、アニメ映画「聖《セイント》☆おにいさん」(二〇一三年公開)で、ブッダ役の声で出演をされていたことです。

これは、「ブッダとキリストが下界《げかい》に降り、東京の立川《たちかわ》で生活する」というマンガのアニメ化作品です。

まあ、ある意味ではけしからんマンガであると思います。以前、私も読んだことがありますけれども、ブッダとキリストがあまりにも〝茶化《ちゃか》されて〟いて、「ここまでからかうか」と思ってやや腹が立ったところはあるのです。

ただ、これがアニメになって、星野さんはブッダの声優をされたということであるので、何らかの宗教的関心がおありなのかなという気もしています。

昨日、本人の守護霊が私のところに来たわけですが、音楽番組で見かけたぐらいでは、普通は来ませんので、多少の関心はお持ちなのではないでしょうか。病気をされたりしたこともありますし、人生問題などについてもいろいろと考えられるところはあるのかもしれません。

そういうことで、実際にどういう人なのかを探《さぐ》ってみたいと思います。今日のテレビ番組表を見ていたら、夜に「星野源の秘密を探る」というような感じの番組が組まれていました（二〇一六年十二月十六日放送「中居正広《なかいまさひろ》の金スマスペシャル　ドラマ界を席巻《せっけん》する『逃げ恥』新垣結衣&星野源大ブームの理由とは？」）。人々もちょっと知りたくなってきているころなのでしょうし、私の〝アンテナ〟自体は機能しているのではないかと思います。

そこで、今日は世間の取材では分からない部分をスピリチュアルに調べてみたいと考えているので、いろいろな質問をしてみてください。

あと、当会では芸能系の活動もやってはいますが、ご多分に漏《も》れず、一般的に見た目がよくてかっこいい感じの人をタレントや俳優として使って、映画などをつくろうとしてはいます。

ただ、見た目がかっこ悪かったり、それほどイケメンではないタイプだったり、アクションすらできそうにないような人であっても、人気を取れる秘密があるならば、そういうものも勉強する必要があるのではないかなと思います。

やはり、性格俳優のような人も、もっと必要なのではないかという気がしますし、そこに人気を取る、あるいは、人々が惹《ひ》きつけられる魅力《みりょく》のようなものが別にあるのなら、そういうものも研究しておいたほうがよいのではないでしょうか。

そのあたりを前置きにして聞いてみますね。

ただ、「君は、35歳童貞男を演じられるか。」という過激な題が付いているので、あとで伏《ふ》せ字になるか、変えられるかの運命にあるかもしれません（笑）。とりあえず、これは星野源守護霊のほうから来ている題なので、ある意味での挑戦かなとは思います。

（質問者の）磯野さんは結婚されていると思いますが、「35歳童貞男」を演じられそうなタイプではあるので、いい感じですね。まあ、できるかもしれません（会場笑）。これで丸眼鏡《まるめがね》でもかけたら、けっこういけるのではないですか。

それでは、呼んでみますので、本当はどんな人なのか、探ってみたいと思います。

これより、俳優・星野源さんの守護霊をお招きいたします。現在、人気急《きゅう》上昇《じょうしょう》中でございますけれども、その秘密をご伝授いただければ幸いかと思っています。

俳優・星野源さんの守護霊よ、星野源さんの守護霊よ。

どうぞ、幸福の科学にお出《い》でくださって、われわれに、その人気の秘密、あるいはタレント観、俳優観、ミュージシャン等の活動においてつかみ取られたこと等を教えてくだされば幸いであります。

星野源さんの守護霊よ。

どうぞ、お出でくださって、私《わたくし》たちに、そのお考えをお伝えください。

ありがとうございます。

（約十秒間の沈黙《ちんもく》）

2　星野源は悩《なや》める独身男性の〝救世主〟!?

「ありやりや……。呼ばれちゃった」

磯野　おはようございます。

星野源守護霊　ありやりやりやりやりやりやりやりやりや……。呼ばれちゃった。

磯野　星野源さんの守護霊様でいらっしゃいますでしょうか。

星野源守護霊　ええ。まあ、夜に来たのは確かなんですけど。いやあ、そこまで〝売り込《こ》む〟つもりはなかったんですけどねえ。なんか、来ちゃってすみません。

磯野　本日は、幸福の科学にお越《こ》しくださいまして……。

星野源守護霊　いやあ、もっと有名な方がいっぱい出てるんでしょう？

磯野　いえいえ。本当にありがとうございます。

星野源守護霊　私、ちょっと順番を間違《まちが》って……。来年（二〇一七年）、もう消えてるかもしれない。

磯野　いえいえ。そんなことはございません。

星野源守護霊　いやあ、これ、二〇一七年は、もう消えるんじゃないですか。

磯野　いえいえいえ。

星野源守護霊　なんか、童貞《どうてい》のまま死んじゃうんじゃないかと思って（笑）。

磯野　（笑）

星野源守護霊　もう、「三十六歳《さい》で〝入滅《にゅうめつ》〟」とかいうことになるんじゃないですかねえ。

磯野　いえいえ。今、ドラマ「逃《に》げ恥《はじ》」が世間《せけん》を賑《にぎ》わしていまして。

星野源守護霊　どうしたんでしょうねえ。おかしい。うん、うん。

磯野　エンディングの「恋《こい》ダンス」も……。

星野源守護霊　今、歌ね。ああ、「恋ダンス」ねえ。

磯野　その動画がYouTube《ユーチューブ》で六千五百万回以上も再生されたそうでして、もう大ヒットしておりますけれども（収録当時）。

星野源守護霊　うーん。でも、「顔は悪いし、演技は下手《へた》だけど、ダンスはうまい」っていう声も、一部、あるんですよねえ。

磯野　キレッキレのダンスを踊《おど》られていま す。実は、私も少し練習しているんですけ

ドラマ「逃げるは恥だが役に立つ」プレミア試写会に出席して、「恋ダンス」のポーズを取る出演者たち。（左から）大谷亮平《おおたにりょうへい》、星野源、新垣結衣、石田ゆり子（東京・スペースＦＳ汐留にて）。

れども（笑）（会場笑）。

星野源守護霊　ああ、練習してるの？　それはライバルだ。ライバルだ。うん、うん。

ドラマ「逃《に》げ恥《はじ》」で「三十五歳童貞男《さいどうていおとこ》」を演じて思ったこと

磯野　今回、この「逃《に》げ恥《はじ》」では、星野さんは主役の津崎平匡《つざきひらまさ》という草食系の男性を演じられています。「三十五歳《さい》独身男、童貞《どうてい》」という設定になってはいるのですけれども、実際に演じられてのご感想から、まずはお伺《うかが》いできますでしょうか。

星野源守護霊　今、最初から……（笑）、最初から〝きつい球《たま》〟が来そうな感じが、ちょっと……（笑）。うん、一瞬《いっしゅん》、怯《ひる》んだんですけど。

磯野　（笑）

星野源守護霊　最初から結論が出て、それで、「あ、三分で終わりましたね」っていう感じ……。まあ、悪くないですけどねえ。悪くないです。で、感想？　感想？　まあ、うーん、「まだこの枠《わく》から出られないなあ」っていう感じですかねえ。「箱入り息子《むすこ》（の恋）」から同じですが。何かねえ、私がそうしたいわけではないんだけど、「三十五歳童貞男、プロの独身」みたいなのをやってほしいというニーズが来るんですよね。何ですかねえ。やっぱり、〝救世主としての役割〟なんですかね、これねえ。まあ、「聖《セイント》☆おにいさん」的に、世の迷える男性、結婚《けっこん》できないでいる悩《なや》める独身男性を救うために、私はこの世に遣《つか》わされたんじゃないかなあっていう感じもあるんですよね。うん。

どうでしょうかねえ?

磯野　実際、私の友達などにも、いわゆる草食系と呼ばれるような男性がわりに多いのですけれども、やはり、このドラマがヒットした一つの要因として、そういう世間のトレンドをうまく捉《とら》えたところがあるのかなと思います。

星野源守護霊　うん、まあ、確かに、「共感の部分」もあると思うんですよね。

今回（の役柄《やくがら》）は、コンピュータのＳＥ（システムエンジニア）というか、まあ、地味な仕事ですよね。コンピュータをいじっている理系出身の……。理系は、確かに口も立たないで、人との交渉《こうしょう》も下手で、自分を表現するのが下手な人が多いですけど、まあ、そういう役柄ですし、「箱入り息子」のときは、市役所に勤めて、まったく昇進《しょうしん》しない男っていう設定で、いつもそんなのですが、出世してない平凡《へいぼん》な男みたいな感じの役割なんですよ。

まあ、この層はわりに多いからねえ。だから、何か慰《なぐさ》めを欲《ほっ》している人がいて、そういう人たちに夢を与《あた》える。マッチ売りの少女のようなささやかな夢っていうか、毎回毎回、マッチをチャッと一本擦《す》ると、パッと小さな夢が開《ひら》くみたいな、こういうのを見せてほしいっていう人が多くなったのかなあ。

みんな、大きな夢を持たないで、平凡な生活をしておりながら、そのなかで、ちょっとした春の兆《きざ》しのようなもので胸がときめく、みたいなあたりで満足できる人が増えているのかなあ？

歌手や俳優は美男子《びだんし》でなければいけないというのは〝人種差別〟

星野源守護霊　それと、私も今、ＰＲしてるところですが、「歌手とか俳優とかは、美男子《びだんし》でなきゃいけない」という前提っていうか、思い込みがけっこうあるじゃないですか。やっぱりねえ、それは〝人種差別〟ですよ。ある意味でのね。

磯野　そうですね。

星野源
守護霊が語る
「人気のヒミツ」

みんな、大きな夢を持たないで、
平凡《へいぼん》な生活をしておりながら、
そのなかで、
ちょっとした春の兆《きざ》しの
ようなもので胸がときめく、
みたいなあたりで満足できる人が
増えているのかなあ？

星野源守護霊　そう。だから、入り口で、もう、あれでしょう？　差別しちゃうんでしょう？　入り口で、もう。これは、遺伝子的に差別されてるのとほとんど変わらないですからね。

「いや、そんなことはないですよ」っていうようなことをね。顔が悪くても歌のうまい人はいるし、顔が悪くても演技のうまい人もいるからねえ。

でも、そういう人たちにだって成功のチャンスはあるわけで、それは、会社で言えば、エリートじゃないと思った人が出世するようなものとも一緒《いっしょ》だしね。

見てくれが悪くても、いい女性をゲットするっていうようなのがあるじゃないですか。

ここの奥様《おくさま》なんかでも、もうほんとに、映画にでも出られたほうがよっぽどいいんじゃないかと思われるような方なんですけどねえ。

大川紫央　そんなこと……。

星野源守護霊　ほんとにもったいない。この〝奥の院〟に隠《かく》して、出さないなんてもったいないから、今日は、もう、私のほうの趣味《しゅみ》で引きずり出してきて、指名して出てきてもらったのでございますけどね。

だから、あの……、いや、別に、ここの総裁がアマガエルみたいな顔をしてるっていうわけじゃあ、そういうことを言ってるわけじゃありませんし、決して私に似てるなんていうわけでもないんですけども、「ブッダ」というところは一緒かもしれません。

いや、私もまだ、そういう意味では「研究」してるんですけどもね。「ブッダはどんな声をして、どんなしゃべり方をするのか。人前《ひとまえ》でどういうふうに言うのか」っていうのは、それはすごい関心ありますよ。うん。

そういう意味で、関心がないわけではないんですけどねえ。だから、やっぱり、ブッダのふりをしてると、こんな天下の美女、才女みたいな方が近寄ってくるのかなあと。私もまた、そういう感じで吸い寄せられるのかなあ、なんて思ってはいるんですけどね。

まあ、世の中、そういうこともあってもいいんじゃないですか。

だから、「外見が悪い人は悟《さと》りで勝負!」。やっぱり、こういうのが幸福の科学的にPRポイントなんじゃないですか。

磯野　非常に励《はげ》ましとなるお言葉を頂きまして、ありがとうございます。

星野源守護霊　ええ、ええ。

磯野　私も、モデルや俳優ができるような体型をしていないので……。

星野源守護霊　いやあ、いけますでしょう。いや、立派なお体で。

磯野　そうですか……（笑）。

大川紫央　（笑）

星野源守護霊　ヘッヘッヘッヘッヘ。

磯野　「ちょっと、肉付きがいい」ということだと思うんですけれども（笑）。

3　草食系男子に贈《おく》る「女性を惹《ひ》きつける秘訣《ひけつ》」

草食系男子が人を惹きつけるための「引き技《わざ》」とは

磯野　容姿がそれほど優《すぐ》れているわけではなかったり、あるいは、会社等でも、エリートとして期待されて、すごく脚光《きゃっこう》を浴びているようなタイプではなかったりする、いわゆる「草食系男子」と呼ばれる人は、自分に対してあまり自信がないのではないかと思います。

そういった、仕事、あるいは恋愛《れんあい》や結婚《けっこん》等において、なかなか自分から積極的に行動に移せないでいる草食系男子に対して、女性の心をゲットする、または周りの方から支持を集めるための秘訣《ひけつ》のようなものが何かございましたら、お教えいただけませんでしょうか。

星野源守護霊　だいたい、その「肉食系男子」っていうのは〝ハンティング〟するわけだから、営業なんかには向いてるわけですよね。飛び込《こ》んでいってガーンッてやったり、いきなりやって声をかけてみたりですねえ、まあ、そういうことができるタイプの人が肉食系男子には多いと思うんです。

草食系の人は、コンピューターに向かってたり、本だけ読んでたり、高等遊民してみたりねえ、そんなふうになることが多いですよね。

いやあ、私が草食系かどうか知りませんけどね？　「肉食系だ」と書いてあるものもちょっと出てきているので、そうかもしれないし、分からないんですけど。まあ、アマガエル男みたいな役をやったこともあるから。アマガエルは、別に草食系とは限らずに、ちょっと舌をペロッと出して虫を食べますから、肉食系かもしれないんですけど。

まあ、一般《いっぱん》に地味に見えて、一昔前には「マザコン男」といわれたようなものかもしれないけども、そういうタイプの人が魅力《みりょく》を持って人を惹《ひ》きつける、あるいは、少なくとも異性を惹きつける方法は、やっぱり、「同情を引くこと」ですよね、一つはね。

徹底的《てってい》に、この「同情を引く」という点におけるマスター（師）を目指しているわけですよ、今、私は。

磯野　はい。

星野源守護霊　どういうふうな「しぐさ」や「表情」、「しゃべり方」や「外見」等を出せば、女性の同情を引けるかっていう。

胸がキュンときて、「かわいそうに、何とかしてあげたいなあ」っていう人は、やっぱり、いるわけですよね。そういう女性の気持ちを引く技《わざ》をね、こう、「引き技」ですけど、これを、今、ちょっと勉強して、みなさんに少し教えようかなと思ってるところなんです。「引き技の伝道師」。

磯野　なるほど（笑）。

星野源
守護霊が語る
「人気のヒミツ」

どういうふうな「しぐさ」や「表情」、
「しゃべり方」や「外見」等を出せば、
女性の同情を引けるかっていう。
「引き技」ですけど、
これを、今、ちょっと勉強して、
みなさんに少し教えようかなと
思ってるところなんです。
「引き技の伝道師」。

天使のような女性を呼び込《こ》む秘訣《ひけつ》は「無抵抗《むていこう》主義」？

磯野　確かに、「逃《に》げ恥《はじ》」でも、星野さんが演じられる主人公の平匡《ひらまさ》さんのちょっとしたしぐさが、すごく女性の心を刺激《しげき》するようでして、今、「ムズキュン」というキーワードが流行《はや》っているそうなんですけれども（笑）。

星野源守護霊　ムズキュン（笑）。

磯野　そういったところが、やはり、引き技のポイントでしょうか。

星野源守護霊　だからねえ、まあ、古い話であれば、石原慎太郎《いしはらしんたろう》さんの『太陽の季節』みたいなのがあるじゃないですか。弟の石原裕次郎《ゆうじろう》さんのねえ、葉山《はやま》で……、ああ、湘南《しょうなん》だったかなあ？　まあ、知らんけど、ヨットをやってる慶応《けいおう》ボーイたちの新しい時代の生き方みたいなのを小説にして、映画にもなったと思いますけれども。あれなんか、やっぱり、小麦色《こむぎいろ》に日焼けした、健康そうな肉体派の男性たちが、ヨット遊びをして、ギャルをハントもできれば、例の、男の一物《いちもつ》で障子《しょうじ》をブスッと刺《さ》し抜《ぬ》いて穴を開けたりするような、衝撃的《しょうげきてき》なシーンも小説に書かれていたりして、まさしく、「男かくあるべき」という感じのですけど。

私のほうは、もうほんとに、よく裸《はだか》にされるんですけど（笑）、痩《や》せてて、褌《ふんどし》をして逃げていくぐらいがちょうどいい役柄《やくがら》が多くてねえ。あのー、まあ……。

何訊《き》いたの？　あれ？　え？

磯野　その引き技のコツを少しでもお教えいただければ……。

星野源守護霊　ああ！　うーん、やっぱりねえ、女性っていうのは基本的に、ナース、昔の看護婦さんの感じが、いちばん美しく見えるときなんですよ。人を労《いたわ》ってくれる。あれが「天職」ですよね。

やっぱり、男がやってもそんなに美しくない。まあ、今は、男のナースもいるけどね。「看護師」ってなって、男女両方になったけど、男性にお世話してもらっても、あんまりうれしくはないですよねえ。やっぱり、ほんとに優《やさ》しい天使のような女性に看護してほしいじゃないですか。

私も入院したことがあるから分かるけど、ナースっていうのは天使に見えますよね。「白衣の天使」そのものですよねえ。それを呼び込《こ》むような男っていうのは、やっぱり、あるわねえ。

だから、思わず知らず、もう、「無抵抗主義《むていこう》」。ガンジーだね。私、ガンジーの生まれ変わりのような気がしてしょうがないんだけど、そのガンジー的な「無抵抗主義」で、もう完全に降参《こうさん》、最初から降参してるわけですよ。「私は夜道で女性を襲《おそ》って、道端《みちばた》で犯《おか》せるような人間じゃあございません」って言って、もう手を上げてるわけです。

「武器も持っておりません。完全に安全な男性なんです。エスコートなんかしたって役に立たないで、コツンと殴《なぐ》られたら、すぐ終わりの人間ですけども、そんな私でもよかったら、お付き合いしてくれませんか」とまでは言えないけども、「側《そば》でウロウロしてもよろしいですか」みたいな。決してストーカーというわけじゃなくて、ストーカーまでは行かないんですけど、「目障《めざわ》りでないあたりで、ちょっと姿を見せたり、隠《かく》したりしても、許してくれますか」みたいな、こういう〝狭《せま》いマーケット〟を、今、耕《たがや》してるんですよね。

分かるでしょう？　気持ちは。

磯野　そうですね。

星野源守護霊　うん、気持ちは分かる。

たとえ、将来、肉食系男子として大きく飛躍《ひやく》する方であっても、そういう

星野源
守護霊が語る
「人気のヒミツ」

ストーカーまでは行かないんですけど、
「目障《めざわ》りでないあたりで、
ちょっと姿を見せたり、
隠《かく》したりしても、
許してくれますか」みたいな、
こういう“狭《せま》いマーケット”を、
今、耕《たがや》してるんですよね。

ときを持ってる時期はあるんですよね。その持ってる時期っていうのが童貞《どうてい》さんの時期なんですよね、やっぱりね。

そのときは、女性にちょっと怖《こわ》さを感じるから。「どうしよう」っていう感じのねえ？「もし、きつい言葉を言われたら、もう、傷ついてしまって、駄目《だめ》になるかもしれない」っていう感じがあるからねえ。

だけど、このマーケットは潜在的《せんざいてき》にけっこうあるわけですよ。

だから、私は、ある意味では、ブッダが仏教で説き損《そこ》ねた〝裏の部分〟をですねえ……。「性欲を滅尽《めつじん》する」っていうのが仏教の基本じゃないですか。だけど、滅尽できない性欲だけども発揮することもできない。その苦しい人間の〝中道《ちゅうどう》の生き方〟を、どうやったら描《えが》けるか。これをドラマで演じてるんですよ。

磯野　なるほど。ありがとうございます（笑）。

「実は女性の扱《あつか》いが上手」は誤解？

大川紫央　本日はありがとうございます。

星野源守護霊　ああ、怖そうですねえ。

大川紫央　怖そうですか（笑）。

昨夜も少しお話しさせていただいたんですけれども……。

星野源守護霊　ええ、ええ。あんまり相手にしてくれなかったですよね。

大川紫央　そうですね。

星野源守護霊　すぐ（話を）切りましたよね。

大川紫央　ええ。ちょっと、あとがつかえておりましたので（笑）。

星野源守護霊　「もう結構ですから」って、すぐ言われたので、「ああ、人気ないなあ」と思って。

大川紫央　そんなことはありません。私も毎週、「逃げ恥」を観《み》させていただいています。

星野源守護霊　ああ、うん。あ、新垣結衣《あらがきゆい》さんによく似てらっしゃる。

大川紫央　（笑）本当は、女性の扱《あつか》いが上手でいらっしゃるのではないかなと思うのですが。

星野源守護霊　いや、とーんでもない！　そら、とーんでもない誤解ですよ。そんなねえ、画面に映るとそういうふうに見えるんですよ。だけど、実物を見たらねえ、「何だこれ」って、みんな、そう思うんですよ。

大川紫央　そうでしょうか。

星野源守護霊　そうなんですよ。

大川紫央　女性のファンもかなり多いですし。

星野源守護霊　いや、それはねえ、もうねえ、美人はいないですよ。

大川紫央　そんなことはないです（笑）。

星野源守護霊　ああ（笑）、うん、それはもう、みんな、同じようなマーケットの方々ばかりですので。ええ。ええ。

観《み》る者に「本当にそうなのか」と思わせる星野源の演技力

大川紫央　先ほどのお話を聞いていても、ある意味で、女性の母性本能をくすぐる能力をお持ちなのかなと思ったのですが。

星野源守護霊　ええ、そこはねえ、そこは攻《せ》めなきゃいけないと思ってます。うーん。

大川紫央　「逃げ恥」でも、「箱入り息子《むすこ》の恋《こい》」でも、「三十五歳《さい》、童貞男」

という雰囲気《ふんいき》がすごく上手に……。

星野源守護霊　そう、開き直りがいいじゃないですかあ。開き直りが。

普通《ふつう》は「恥」ですよね。三十五歳なんて言わずに、二十二歳ぐらいの大学卒業ぐらいの年でも、「童貞です」ってなったら、「バカか、おまえは。遅《おく》れてるなあ」って言って、からかわれるでしょ？

これは、もう何十年も前からそうだと思うんですけど、「三十五歳、童貞男」って開き直ったらですね、（からかわれて）それでまだ腐《くさ》ってる人たちはホッとして、「ほお、先輩《せんぱい》はまだ頑張《がんば》ってるなあ」っていう感じになるじゃないですか。

大川紫央　その現実の生活……。

星野源守護霊　現実!?　現実は困るなあ。うん？

大川紫央　「現実の生活と、まったく同じではない」と思うんですけれども、観《み》ていると、「本当にそうなのかな」と思ってしまうぐらい演技が上手だなと思います。

星野源守護霊　いや、現実は、私が理想とするものに近いですよ。やっぱりねえ、そうなんですよ。

だから、私が恋をする相手っていうのは、けっこう高望みして、高嶺《たかね》の花の方が多いから、現実は、アプローチしたら、ドラマと映画そっくりになるんですよ。もう、けんもほろろに、相手にされないかたちでしてね。どこかの誰《だれ》かさんみたいに「ウィッシュ」とか言って、あんな感じでかっこよく攻められないいんですよ。

磯野　（笑）

星野源守護霊　あんなのでいいなら私もやってみたい！　手袋《てぶくろ》はめてねえ、「ウィッシュ」とか言ってやってみたいけど、あんなの恥《は》ずかしくて、とてもできないですよ！　とても。

死んじゃう。あれをやったら、もう神田川《かんだがわ》に飛び込む！　もう、ほんとねえ、死んじゃう。あれができるぐらいなら、もう、死んじゃう。うーん。だから、できないです。

外見の悪い男は「トーク」で女性を惹《ひ》きつける

大川紫央　演技力を磨《みが》く上で、何か気をつけていらっしゃることというのはあるのですか。

星野源守護霊　いやあ、私はねえ、もう、「真実一路《しんじついちろ》」なんですよ。もうねえ、ブッダの求めたこの「真実への道」を、ただただ歩んでるんですよ。ええ。そうなんです。

大川紫央　ラジオでは、けっこう下ネタをおっしゃったりするとか、いろいろ聞くのですけれども。

星野源守護霊　いや、それはほかの人がよく言うので、〝仕入れて〟いるだけなんです。

大川紫央　なるほど。

星野源守護霊　うん。外見が悪い私みたいな男は、やっぱり、話でモテなきゃいけないわけですよね。だから、「話《はなし》モテ」っていうのをしなきゃいけない。

星野源
守護霊が語る
「人気のヒミツ」

外見が悪い私みたいな男は、
やっぱり、話でモテなきゃ
いけないわけですよね。
だから、「話《はなし》モテ」っていうのを
しなきゃいけない。

女性は、よく話してくれる男性をありがたがって、沈黙《ちんもく》が続くのをすごく怖がりますよね？　沈黙が五秒続くと、女性はもう帰り支度《じたく》を始めますから。だから、沈黙させないように、話で、トークで惹《ひ》きつけないといけないんでねえ。

私なんかにジーッと見つめられてもね。例えば、私がジーッと五分見つめたら、警察に必ず電話が行きますよ。（頭の横で手をクルクル回しながら）「今、異常犯罪者からストーカーされております」って、必ず行きますから、駄目なんですよ。

ええ、だから、いい男に見つめられるのとは全然違《ちが》う。

4　芸能界でルックス以外の「強み」で勝負するには

「かっこ悪い男だって生き筋《すじ》はなきゃいけない」

大川紫央　昨夜、お話をさせていただいていたなかで、星野さんの守護霊様は、「今、芸能界で、ルックスだけを武器にして戦う考え方は古い」とおっしゃっていました。

星野源守護霊　うん！

大川紫央　「ルックス以外の魅力《みりょく》のところでも戦えるようにならないと、時代遅《おく》れなんじゃないか」ということをおっしゃっていまして……。

星野源守護霊　いや、それはちょっと言いすぎだよな。それは言いすぎ。あなた、私らは〝抵抗勢力《ていこうせいりょく》〟であって、黴菌《ばいきん》みたいなものなんですよ。

大川紫央　抵抗……（笑）。

星野源守護霊　「健康なウイルスがいちばんよろしいけれども、黴菌にも一部、生きる権利があるぞ」というようなところでの抵抗勢力であって、別に、そんなメジャーになろうなんて、とんでもない。まったく思ってもない。めっそうもないですよ。やっぱり、かっこいい男がモテるのが普通《ふつう》です。主流ですから。

ただ、〝かっこ悪い男〟だって「生き筋《すじ》」はなきゃいけないと。まあ、こういうふうに思ってるんで。決して決して、そんな天下取りなんか目指しておりませんので。

大川紫央　テレビを観《み》ると、美しい方や、ルックスで勝負している方というのもいらっしゃると思うのですが、別に、そういう方々が大半であるわけではなく、いろいろな方がいろいろな強みを発揮しておられるのではないかと思います。それを、先ほど星野さんは、「悟《さと》り」という言葉でおっしゃいました。

星野源守護霊　うん！　うん、勉強したからね。

大川紫央　その「悟りの内容」を、もう一段、お聞かせ願えればと思います。

星野源守護霊　だから、ブッダは基本的にですねえ、要するに、「諸悪《しょあく》の根源は性欲にあり」と捉《とら》えたわけですよね。

性欲の滅尽《めつじん》をすれば、子供も生まれず、人類は滅亡して、この世にはいなくなるから、悪魔《あくま》の手が届かなくなって、天上界《てんじょうかい》にとどまれると。

だから、ブッダは、〝人口減〟を目指しておられたんだ。たぶんね。〝人口減〟ということで、ブッダは、「男の集団」と「尼僧団《にそうだん》」とに分けて修行《しゅぎょう》させて、決して接触《せっしょく》しないように戒《いまし》めておられた。

まあ、その気持ちは分かるけど、それなら、早いこと最初からブサイクに生まれれば、希望が達成するのが早いわけですよ。色男に生まれてしまったらねえ、それは達成するのにはかなり困難なものがあると思うんですよね。

そういう意味で、その、何て言うか、「開き直り」っていうのも非常に「あり」じゃないかという感じはするんですよねえ。

だから、『ブサイクからの出発』っていう本を書くといいと思うんですけど。『それでも私は生きていく』とかですねえ（笑）、まあ、そんな感じでいいと。

モテないことを逆手《ぎゃくて》に取って、逆風でも生きていく。それも、ある意味での男らしさじゃないですか。ねえ？

星野源
守護霊が語る
「人気のヒミツ」

モテないことを逆手《ぎゃくて》に取って、
逆風でも生きていく。
それも、ある意味での
男らしさじゃないですか。

人に観察されている以上に人を観察する

大川紫央　星野源さんはマルチタレントのようなかたちで、演技もすれば歌も歌うし、幾《いく》つか本も書かれたり、ラジオのパーソナリティも務められたりと、幅広《はばひろ》く能力をお持ちでいらっしゃいます。

確かに、ルックスだけよくても、歌唱力《かしょうりょく》がもう少し伸《の》びなかったり、演技力がいまいちだったりすると、一時は脚光《きゃっこう》を浴びることができても、長くは続かないと思うのですが、星野さんがご自身で努力されていることというのは何かあるのでしょうか。

星野源守護霊　うーん。まあ、ある意味でですねえ、あのー……、人に観察されつつも、「人に観察されていること」よりも「人を観察すること」の量を多くするようにってていうことは、いつも努力してるんですよね。

パッと見て、だいたい第一印象を持つじゃないですか。「この程度の男だ」「パッとしない男だ」と思ったら、人は警戒心《けいかいしん》を解いて、そんなに競争心とか敵愾心《てきがいしん》とかを持たないで、〝鎧《よろい》を脱《ぬ》ぐ〟ところがあるので。まあ、そういう意味で、カエルのような目でジーッと相手を観察してて、人間観察ですよね。

そして、勉強するっていうかね。いろんな人のを勉強するっていう意味では、何て言うかなあ、うーん……、まあ、昆虫《こんちゅう》学者のような目で世界を見ているかもしれませんねえ。

それぞれの人がみんな、動物や、あるいは昆虫や、いろんな生き物のように、私には見えちゃうんですよ。

うーん、だから、（磯野に）あんたなんか見てると、猪八戒《ちょはっかい》みたいな、アニメだとこんなふうになるかなとか想像しちゃうわけですよね、例えばね。（大川紫央に）こっちだったら、龍《りゅう》のような、ガーッという、ねえ？　そういう女性みたいな感じでカーッと出てくるのかなとか、まあ、そんなようなことを思っちゃったり。

そういう意味で、「これは、こんな男だ」と思われて、それ以上、解釈《かいしゃく》が伸びないほうが、こちらから向こうを観察するのは楽ですねえ。

〝原石《げんせき》〟を見つけるには「自分をキラキラと見せすぎないこと」

大川紫央　今、幸福の科学グループにもニュースター・プロダクションがあ

まあ、昆虫《こんちゅう》学者のような目で
世界を見ているかもしれませんねえ。
それぞれの人がみんな、
動物や、あるいは昆虫や、
いろんな生き物のように、
私には見えちゃうんですよ。

るので、今度は逆の視点からお伺《うかが》いしたいのですが、「ルックスだけではない人材の見抜《みぬ》き方」といいますか、やはり、〝原石《げんせき》〟を見つけるのは非常に難しいところがあります。

また、芸能界の人たちが、オーディションの時点とは違《ちが》う人に育っていかれるのを見ていても、すごいなと思うのですが、星野さんから見た「原石の見つけ方」があればお教えいただきたいと思います。

星野源守護霊　私を社長にスカウトするのがいいんじゃないですかねえ。私を社長にして……。おたくの社長（大川宏洋《ひろし》）は、あれ、イケメンなんでしょう？　イケメンを置いといたらね、自分より顔の悪い人は、だいぶ、〝はねて〟いきますよ。外していって〝堕胎《だたい》〟です。みんな降ろされちゃうから。

やっぱり、私みたいなのが社長に座《すわ》ってると、来る人、来る人、見て、なんか自信を持っちゃうからね、みんな。「おっ、いけるかもしれない。これが社長だったら、俺《おれ》のほうがいい男だ」とか、「いい女だ」と、みんな思うから、なんかいけそうな……。

女のほうが来ても、私が社長に座ってたりしたら、「ああ、このくらいの男は軽いなあ」っていう感じで、ハッハッハッハ（笑）、「すぐに軽く、針で引っ掛《か》かるな」と思うから、油断して、全部、自分をさらしてくるからね。

そういう意味で、こちらが、あんまりピリッと、かっこよすぎると、相手も欠点を見られないように、一生懸命《いっしょうけんめい》、こうやって（肩《かた》をすぼめ、かしこまるようなしぐさをして）見せないから、本当は芸の幅が分かりにくいので。

こちらがもうちょっとレベルを下げて、フランク（率直《そっちょく》）に、庶民《しょみん》的にしていると、心を開くような人が出てくるけど、「最初から駄目《だめ》なように見えたら、ちょっといけないんじゃないかなあ」っていう気はしますね。

だから、あれですよ。私は偉《えら》いわけじゃないけども、世の中で偉くなった人なんかは、「腰《こし》の低い人」とかですよね。そういう〝庶民的な人〟を非常にほめるじゃないですか。水戸黄門《みとこうもん》さん的に、「ご隠居《いんきょ》さんみたいな人が、実は副将軍だった」という感じが受けるじゃないですか。

まあ、そういうふうに、原石を見つけたかったら、「完成したダイヤモンド」として自分をキラキラと見せすぎたら、原石の部分を発見しにくいんじゃないかなと思いますね。

自分はキラキラのダイヤモンドじゃなくて、やっぱり、首から〝石炭〟をぶら下げているぐらいのつもりでいたら、原石でもダイヤモンドはマシに見えますからね。きれいに見えますから。「ああ、君は磨《みが》けば、もうちょっとよくなるよ」っていうふうに見えると、使える人の層が増えてくる。あるいは、その人の可能性として、「こんなのでやらせたら、もっとできるんじゃないか」っていうのが見えてくる。

だから、私みたいに、「三十五歳《さい》、童貞《どうてい》、独身のプロ」っていう役でしか使えないような、ほかに使い道がないような感じで使われて、まあ、それを〝一本彫《ぼ》り〟でずーっとやっているうちに、だんだん、ある程度、評価が出てくると、「もしかすると、またほかの道も開けてくるかもしれないな」という感じですか。

まあ、「急に、私がモテモテ男に変身する」みたいなのは、さすがに、ドラマとしては難しくて成り立たないかもしれないですけど。うーん、竹中直《たけなかなお》人《と》さんみたいな心境まで到達《とうたつ》できれば、やれるかなあっていう気もしますけどねえ。

ああいう人だったら、平気でやるでしょうね。コロッと変わってやるだろうから。まだ私のほうは、心境的にそこまで行っていないので。あそこまで「恥《は》ずかしい」ということを取っ払《ぱら》うことができれば、〝いける可能性はある〟んですけどねえ。

竹中直人（1956 ～）
日本を代表する個性派俳優の一人。1996 年の NHK 大河ドラマ「秀吉《ひでよし》」では主演の豊臣《とよとみ》秀吉役を務めた。映画監督、ミュージシャンとしても活躍している。

5　なぜ、星野源はこんなに人気があるのか

「私のコンサートを観《み》ると“優越《ゆうえつ》感”を持って帰れる」

大川紫央　あと、もう一つお伺《うかが》いしたいのですけれども……。

星野源守護霊　（大川紫央に対し、身を引いて両手を盾《たて》にするようなしぐさをしながら）怖《こわ》いんですよ。なんか、「目」と「口」の動きが。

大川紫央　すみません（苦笑）。星野さんは、歌手としても、さいたまスー

パーアリーナ等、けっこう大きいところでも人を集められるぐらい、人気が出ていると思うんですけれども、「こういう歌を歌いたい」とか、「このように演技をしたい」とかいう、「いろいろな自分がやりたいもの」と、「これは周りから見てヒットするというもの」との兼《か》ね合いは計算されているんですか。

星野源守護霊　難しい質問ですねえ。よく分からないです。うーん……。

大川紫央　周りの「視聴者《しちょうしゃ》の方」とか「歌を聴《き》いてくれる方」の視点を気にして、されているのでしょうか。それとも、自分が「これがいい」と思ったら、それをされているのでしょうか。

星野源守護霊　いや、まあ、外見に似合わず、「恋《こい》の歌」とか歌うわけですけどね。だけど、究極のイケメン系の人の恋の歌と、一緒《いっしょ》にはいかないですよね。どうしてもいかないところはあるから。〝中道《ちゅうどう》〟を歩んでいても、自然自然と、「哀《あわ》れさ」が漂《ただよ》ってくる恋の歌にどうしてもなりますよね。

そのへんの「哀れさ」が漂ってくるところで、やっぱり、人のうっすらとした涙《なみだ》をそそる面が出てくるわけですよ。

だから、ＤＡＩＧＯ《ダイゴ》なんかにね、「私の恋の歌を歌ってみろ」って言いたくなりますよ。「やれるもんなら、やってみろ」ってね、思いますよ。自分で一生懸命《いっしょうけんめい》、「イケメン、イケメン」と自己妄想《もうそう》しているようなタイプの人と、一緒にはいかないんですよ。私は、そういう人生の辛酸《しんさん》というのをねえ……、やっぱり、〝辛酸なめ男《お》〟なんですよ、何かね（会場笑）。

そういう気持ちをね、代弁《だいべん》しなきゃいけないから。恋の歌を歌うにしても、「みなさんがたの心の傷は、一つひとつ、分かっていますよ。心の傷は私のコンサートに来て、癒《い》やしてくださいね」っていうような気持ちが入っているわけですね。

だから、そんなにねえ……、まあ、私に憧《あこが》れを感じて来ている人は、あんまりいないんじゃないかと思うんですよね。そういう人は、あんまりいないなあ。

そうではなくて、私のコンサートとかドラマとかもそうですけど、観《み》て、何か、みんな少しずつ「優越感《ゆうえつかん》」を持って帰るんですよ。それがいいんですよ。お金を払《はら》ってね、優越感を〝花挿《はなさ》して〟、〝バラの花を一本挿して〟帰れ

星野源
守護霊が語る
「人気のヒミツ」

恋《こい》の歌を歌うにしても、
「みなさんがたの心の傷は、
一つひとつ、分かっていますよ。
心の傷は私のコンサートに来て、
癒《い》やしてくださいね」っていうような
気持ちが入っているわけですね。

る。この気分がいいんです。「あの程度でコンサートをやれるんだ。それなら、俺《おれ》だって、やれるんじゃないかな」っていうような、その感じっていうかなあ。「エリート感覚」みたいなものが、少し持てるんじゃないですかねえ。

だから、歌を歌ったって、そんな、かっこよくないですよ、私なんか。やっぱり、「なんで、この人出たんだろう」って思うじゃないですか。

「人の嫉妬《しっと》を買わないような人が演歌を歌う」と人気が出る？

星野源守護霊　昨日《きのう》、あなたがたが観ていたのは、あれでしょう？　何か、「AKB（48）」だとか、「モー娘《むす》。」だとか、あんなのが出て、かわい子ちゃんがいっぱい踊《おど》っているなかに、突如《とつじょ》、私がヌボッと出てきて歌を歌うような……。

大川紫央　でもですね……。

星野源守護霊　うん？

大川紫央　これはネットの情報になってしまうんですけれども、「2016FNS歌謡祭《かようさい》」の第2夜（二〇一六年十二月十四日、生《なま》放送）の最高瞬間《しゅんかん》視聴率は、星野さんのところだったということでして……。

星野源守護霊　いや、だから、そこはねえ、〝穴〟なんです。ボコーッと

〝落とし穴〟があるんですよ。

大川紫央　（笑）

星野源守護霊　ほかの、きれいどころがいっぱいやっているのは、誰《だれ》が見たって、もう顔の区別が……。「この子、誰だったかなあ」って、名前でも出さないと分からない。そこにいきなり、何か、アマガエルみたいなのが出てきたら、「おっ？　なんで、こんなのが出てくるんだ」って思うじゃないですか。

「こんなのが出てくる以上、何か、よっぽど歌がうまいのかな」って思ったら、うまくなかったっていう。「なあんだ、うまくないのか」と思っても、やっぱり、みんな観てしまうところがあるんですよねえ。

だから、「美人で歌がうまい」なんて、全然、面白《おもしろ》くない。何にも面白くない。もう、みんなね、女性たちを〝げんなり〟させてるだけなんですよ、実際ね。それから、「美男で歌がうまい」、これも、全然、面白くない。

昔から歌のうまい人っていうのは、ブサイクな……、いや、いや、いや、いや（笑）、この言葉はよくなかった。〝放送禁止用語〟です。ブサイクじゃなくて、何と言うか、「見てくれがよくない」というか、「外見が美しくない」っていうか、「人の嫉妬《しっと》を買わないようなタイプの人」が演歌なんかを歌うと、すごくいいんですよね。

だいたい、そうですよねえ。やっぱり、女子でも、演歌のうまい人、「トリ」で歌う人は、太鼓腹《たいこばら》をした、（マイクを持って、お腹《なか》を震《ふる》わせながら歌を歌うしぐさをしながら）「ホー」「ワーッ」と、お腹がドラムみたいに響《ひび》くような人がいいし。

男だって、そういう……、まあ、「まったく、まずい」とは言わないけど、何か、人生の苦労が顔ににじみ出ているような感じの人が演歌なんかを歌うと、人気が出ますよねえ。

私なんか、そういうのの〝中間帯《ちゅうかんたい》〟みたいなものなんですけどねえ。

星野源は、女性の肩《かた》が凝《こ》らない〝安い男〟？

星野源守護霊　（大川紫央に）いや、本当に、細《こま》かいところまで調べておられます。研究熱心で、頭もよくて、容姿も優《すぐ》れていて、もう言うことのない方ですよね。

大川紫央　（笑）とんでもないです。

星野源守護霊　デビューなされたら、いいんじゃないですか。

大川紫央　どうしてですか（笑）（会場笑）。どうして、そこへ……（笑）。

星野源守護霊　いやあ、まあ、新垣《あらがき》（結衣《ゆい》）さんに代わって、あなたが出て仕《つか》えてくださる。いやあ、そんな旦那様《だんなさま》はうらやましいですね。それは、もう「生けるブッダ」以外、ないでしょうねえ。「そういうことがありえる」っていうことはね。

大川紫央　（笑）やはり、女性の扱《あつか》い方がお上手なのかなと思います。

星野源守護霊　そうですかねえ。まあ、ちょっと、年の功がね。二十五歳《さい》ぐらいでは無理だけど、十歳載《の》ってますのでね。それは、〝くすぐる〟のは、多少できますけどね。

でも、〝くすぐる〟だけであって、〝狼男《おおかみおとこ》〟には、絶対、ならないんですよ。これが私のいいところでして、安心感があるんですよね。

（林に）だから、私にデートに誘《さそ》われたって、大したことないと思うでしょう？　どうせ。そんなに大してドラマチックなものは来ないと思っているでしょう？

まあ、せいぜい、〝後楽園《こうらくえん》の遊園地〟ぐらい、連れていってくれればいいほうだと思うでしょう？　ね？　あとは、マクドナルドぐらいだねえ（会場笑）。そんな感じでしょう？　だいたい、期待値はそんなものなんですよ。その程度しか期待されないから、楽は楽なんですよ。

ところが、見たこともないようないいレストランに行って、最高級のものを食べさせて、「このトリュフはねえ、普通《ふつう》のトリュフと違《ちが》うんだ」みたいなことを講釈《こうしゃく》するような人だと、女性も肩《かた》が凝《こ》って疲《つか》れるからねえ。そういうことは、私はしないんですよ。

だから、〝安い〟んです。〝安い男〟。「たわし」みたいな感じで、こう（たわしで何かをゴシゴシ洗うしぐさをする）……。

6 星野源守護霊、〝悟《さと》り〟の世界を語る

自虐《じぎゃく》ネタが「与《あた》える愛」に変わる瞬間《しゅんかん》がある

林　演技のところで、もう少しお伺《うかが》いいたします。

星野さんは、ＮＨＫのコント番組等にも出ていらっしゃると思うんですけれども、面白《おもしろ》くて、「笑い」を含《ふく》んだような作品というのは、けっこう難しいと思うんですね。

そういうコメディータッチの演技をする上で、何か気をつけておられることなど、ポイントがありましたら教えてください。

星野源守護霊　やっぱりねえ、「悟《さと》り」ですよ（会場笑）。やっぱり、肝心《かんじん》なのは悟りだと思うんですよ。

若いうちはねえ、自虐《じぎゃく》ネタで人の笑いを取っても、まだ自分が傷つくんですよ。傷ついて、「自虐ネタをやっているな」と自分で分かりつつも、やっぱり傷つくんですね。

それが一定の経験を積み、悟りを深めると、自虐ネタをしても自分は傷つかなくなるんですね。自虐ネタで人が癒《い》やされているところが、サーチライトが当たるように見えてくると、お医者さんみたいに、「うん？　ああ、ここがよくなったなあ。治った、治った」という感じになるから、自虐ネタが「与《あた》える愛」に変わるんですよ。それが、芸能人としての〝悟りの瞬間《しゅんかん》〟なんですね。

若いうちは、「自虐ネタは自分を傷つける〝刃《やいば》〟だ」と思っていた、そういう〝生悟《なまざと》り〟だったものが、中年期になると、「自虐ネタが、実は、人に対する与える愛だったんだ。与え切りの愛だったんだ。無償《むしょう》の愛だったんだ」っていう〝悟り〟を持つようになるんですね。これが大事なんです。

だから、私は、そういう自虐ネタ風のもので笑いを取っていても、「自分が傷ついている」という気持ちはあんまりなくて、周りを潤《うるお》している気持ちがあるんです。

「干天《かんてん》の慈雨《じう》」といいますか、もうカラカラの日照りのなかを、みんなが「一滴《てき》でもいいから、どんな雨でもいいから降ってくれないかな」と思っているときに、「ポタ、ポタ、ポタ、ポタ、ポタッ」と落ちているぐらいな感

星野源
守護霊が語る
「人気のヒミツ」

一定の経験を積み、悟《さと》りを深めると、
自虐《じぎゃく》ネタをしても
自分は傷つかなくなるんですね。
私は、そういう自虐ネタ風のもので
笑いを取っていても、
「自分が傷ついている」という
気持ちはあんまりなくて、
周りを潤《うるお》している気持ちがあるんです。

じで自己イメージしているんですよね。

病気を経験して、残された命に「感謝」するようになった

林　何か、とっても明るい印象をお受けします。音楽活動のほうは、私は、テレビによく出られるようになってからしか、あまり存じ上げていないんですが……。

星野源守護霊　（肩《かた》を落として、残念そうに、林を下から見上げるようなしぐさをする）（会場笑）

林　（笑）ただ、バンド時代から、とても人気があったと伺《うかが》っていまして。

星野源守護霊　ああ……。

林　それで、病気をされて以降、「歌の感じなどが変わった」ということを聞きました。例えば、「SUN《サン》」なども、とても明るい曲だと思うんですが、奇跡《きせき》の復活を遂《と》げられた意味等、何か、そのあたりについてはいかがでしょうか。

星野源守護霊　いや、「悟り」って、やっぱりあったんですよ。本当にそう

「第8回CDショップ大賞2016」では、ヒット曲「SUN」も収録した星野源のアルバム「YELLOW DANCER」が大賞を受賞。写真は、授賞式で楯を手にする星野源。

なんですよ。

だから、(『働く男』を手に取り、掲《かか》げながら)「働く男」でねえ、働くことはいいことだと思っていたんですよ。ワーカホリックをいいことだと思って、「とにかく働け、働け」を自分の信条としてやっていたんですけども、「働いても働いても、わが暮らし楽にならざり」の感じは、あったことはあったんです。

それでね、「いくらでも働けるもんだ」と思っていて、まだ若かったからねえ、そう思ってたけども、病気してね。やっぱり、クモ膜下出血《まくかしゅっけつ》なんか、普通《ふつう》、死ぬような病気ですからねえ。そういうのをしてみたら、「ああ、人生は無常《むじょう》なんだな。諸行《しょぎょう》無常なんだなあ。いつ死が迎《むか》えにきても、しかたないんだ。いつ死んでもしょうがないんだなあ」と、いったん思うと、そこで悟りが開けたんですねえ。

残された命を、「与えられた人生だ」と、お天道《てんとう》様に感謝し、ブッダ様に感謝して、頂いた命を、一日一日、輝《かがや》かさなきゃいけない。そう思うと、その前までのワーカホリックをやっていた自分は、ある意味でのねえ……、まあ、おたく様のなじみの深い言葉を使って申し訳ないけども、「『奪《うば》う愛』に生きていたんだなあ」と、自分でも思うようになりました。

それで、やっぱり、「いやあ、それではいけないんだ。生かされている自分というものに気づいたら、どんなに厳しくても苦しくても、単に、働いてスーパーマンになってる気分で突《つ》っ走っちゃいけないんだ。

今日一日、働けることがありがたいことなんだ。命はもうなくなってもおかしくない。それが今日も働ける。ありがたいことだ。

今日だって、私みたいな者は、まだ呼ばれる順序ではないのに、こういう場に呼んでいただいた。ありがたいことであるな。芸能界には、私よりもっと先を行っている方がたくさんいらっしゃる。もっともっと人気のある方がいらっしゃるなかを、『珍《めずら》しい』という分類でお呼びになった。ありがたいことであるな。今日まで生きてきてよかった」と。まあ、そんな気がしますわねえ。

だから、もう、「感謝、感謝」なんですよ。本当は「暗い歌」だって歌えるんです。暗い歌も歌えるけども、暗い歌を通り越《こ》して、もとの明るさとは違《ちが》った意味での「明るい歌」も歌える。

その意味で、「私は、『聖《セイント》☆おにいさん』の声（声優）をやる資格は十分ある」と思うんですよ、自分ではね。心境的には、ちょっと分かる。不真面目《ふまじめ》

星野源
守護霊が語る
「人気のヒミツ」

「命はもうなくなっててもおかしくない。
それが今日も働ける。ありがたいことだ」と。
だから、もう、「感謝、感謝」なんですよ。
本当は「暗い歌」だって歌えるんです。
暗い歌も歌えるけども、
暗い歌を通り越《こ》して、
もとの明るさとは違《ちが》った意味での
「明るい歌」も歌える。

だけども、気持ちとしては分かるんですよ。

7　歌手・星野源の「創作の秘密」に迫《せま》る

人生折々の「心のひだにたまったもの」を吐《は》き出していく

磯野　今、お話しいただいたように、星野さんは、ご病気を経験されたあと、歌われる曲の世界観が少し変わってきたのかなと感じるんですけれども……。

星野源守護霊　ほお……。

磯野　星野さんが曲を書かれたり、あるいは、歌詞をつくられたりする際、世間《せけん》の人たちに、どういった世界観をお伝えされようとしているのでしょうか。

星野源守護霊　ああ、これは難しいですね。

磯野　すみません。

星野源守護霊　哲学《てつがく》的なご質問をなされて……。

うーん……、やっぱり、そんな深い哲学的なものではないと思うんですけど（苦笑）、まあ、「その時々に経験したことや感じたことを、音にし、歌詞にし」っていう感じかなあ。

もちろん、役柄《やくがら》を頂いて、そのドラマに合った曲を作詞・作曲するようなこともあるから、それは、「必要に応じて、ニーズに合ったものをつくる」ということもありますが、そういうニーズがあってお応《こた》えする場合と、自分の気持ちで「何か、こういうものをつくりたくなった」っていう感じでやる場合とがある。

私みたいな者でも、「小さな人生ドラマ」っていうものは、毎日のように、いろいろありますからねえ。

ライブをやっても、「成功した」「失敗した」と思うようなこともあるし、美しい女性にモーションをかけても、「モーションをかけている」っていうことを相手が分かってくださらないで、終わるようなことだってある。

（右手の甲《こう》で目を押《お》さえて、泣くしぐさをしながら）「本気で誘《さそ》ったんだけ

星野源
守護霊が語る
「人気のヒミツ」

私みたいな者でも、
「小さな人生ドラマ」っていうものは、
毎日のように、いろいろありますからねえ。
ライブをやっても、「成功した」「失敗した」
と思うようなこともあるし、
美しい女性にモーションをかけても、
「モーションをかけている」っていう
ことを相手が分かってくださらないで、
終わるようなことだってある。

ど、分かってもらえない。冗談《じょうだん》だと思われて、帰られちゃった」みたいなことだって、やっぱり、ありますからね。

そういう、いろいろな、人生折々の「心のひだにたまったもの」を吐《は》き出していく感じで、歌をつくっているんですけどねえ。

だから、もう一段、ダイナミックなものもつくれたらいいんだろうなと思うけど、まだ人間が小さいものだから、そんなに大きくならなくて。まあ、ささやかな世界観で止まっているとは思うので、哲学のような大きな深いものがあるわけでは、決してないんですけどね。

「お風呂《ふろ》で鼻歌を歌っている感覚」でメロディーと歌詞が出てくる

磯野　曲づくりのところで、もう少しお伺《うかが》いしたいんですけれども、私には、

「星野さんの大ファン」という友人がいまして……。

星野源守護霊　へえ……。

磯野　まあ、作詞・作曲の仕方は、人それぞれで、歌詞を書いて曲をつくったり、あるいは、曲のイメージが先にあって、それに合う歌詞を書いたりと、タイプは人それぞれだと思います。

ただ、その友人から聞いた話では、星野さんは、ふとした瞬間《しゅんかん》、例えば、お風呂《ふろ》に入っているときなどに、「曲と歌詞が一緒《いっしょ》に降りてくる」という体験をされているということでした。

「インスピレーション」と言っていいのか分かりませんが、そのあたりについて、もう少しお聞かせいただけないでしょうか。

星野源守護霊　えっ？　そうじゃないんですか、普通《ふつう》。

磯野　あっ、そうですか。

星野源守護霊　「メロディー」と「歌詞」が、普通、一緒に出るんじゃないですか。普通、そうなるんじゃないですか。

磯野　その瞬間というのは、どういった感覚なんですか。

星野源守護霊　だから、「お風呂に入って鼻歌を歌っている感覚」ですよ。メロディーだけでもいいけど、何か、歌詞みたいなものがついてくるじゃないですか。

それで、「フ～ン♪」と歌っているうちに、「ああ、これを曲にしたらどうなるか」っていうふうに膨《ふく》らんでいく。だから、だいたい、いい感じのフレーズと曲調が、何か、「フ～ン♪」と出てくる感じが多いですねえ。

あと、「それを曲まで仕上げられるかなあ」っていうところは、この世的な努力かもしれませんが、そういう意味では、いや、私も「インスピレーション体質」なんですよ。それはそうです。

ただ、ほかの人も、だいたい、そうなんじゃないですかねえ。いちおう、そうなんじゃないかなあ。

まあ、作詞と作曲を完全に分けている企業家風《きぎょうか》の方もいらっしゃるから、必ずしも一緒じゃないのかもしれないけど、普通は、歌のもともとの起源は、そういう鼻歌みたいなものから必ず出ていると思うんですよね。

だから、何かしながら、例えば、機《はた》を織りながらとか、縫《ぬ》い物をしながら、あるいは、畦道《あぜみち》を歩きながら、子守《こもり》をしながら、口ずさむような歌から出ていると思うんですね。

歌のインスピレーションはどこから降りてくるのか

星野源守護霊　（大川紫央を指して）こちらの奥様《おくさま》も、何か、ときどき、独《ひと》り言《ごと》みたいに歌を歌っていらっしゃるから、あれはレコーディングされたほうがいいんじゃないですかね。何か、「パンダの歌」みたいなのを歌っていらっしゃるじゃないですか。あれは、作品に仕上げられて歌ったらいいんじゃない？

大川紫央　（笑）歌になっていないレベルのものなので、ちょっと無理ですが……。

星野源守護霊　いやあ、いい。

大川紫央　今、守護霊様がお話しされているのでお訊《き》きしたいんですが、そういう歌のリズムが浮《う》かぶときというのは、霊的《れいてき》には、どんな感じになられているんでしょうか。

星野源守護霊　いや、それはねえ、もう「悟《さと》り」ですよ（会場笑）。本当にねえ、「心の穢《けが》れを落として、神仏と一体になる」っていう、その心境のときに、鼻歌のように降りてくるわけですよね。

大川紫央　その「降りてくる」というのは、「自分自身（守護霊）から来る」ということですか。

星野源守護霊　うーん……、まあ、レベル的には、そのくらいのあたりですね（苦笑）。「そんな偉大《いだい》な音楽家が降りてくる」っていうことは、あんまりないので、自分自身のレベルですかね。今のレベルだと、それに近いですかねえ。

だから、お風呂なんかに行って、（タオルで体を洗うしぐさをしながら）「塵《ちり》を除き、垢《あか》を除かん」みたいな感じでやっていると、そうした悟りの姿が現れて、天から啓示《けいじ》が降りてきて、鼻歌が出てきて、お風呂のなかで歌っていると、それが次に、「あっ、この曲いいんじゃない？」っていう感じになるわけですよね。

それで、鼻歌を歌いながらも、一日の出会いを振《ふ》り返って反省することが大事ですね。だから、お風呂場とかは非常に大事だと思いますねえ。


見ている人に、「この人、かわゆい」と思わせたい

磯野　曲づくりについて、もう一点お伺いします。

星野さんのミュージックビデオを拝見していて発見したんですが、星野さんは、先ほどお話しいただいた「鼻歌から広がっていった歌」の世界を表現されるときに、歌はもとより、ダンスや衣装《いしょう》など、あらゆる手段を使って表現しておられるように感じます。

星野源守護霊　うん。うん、うん、うん、うん。

磯野　そうしたダンスの振り付けですとか、衣装ですとか、あるいは、撮影のセットですとか、そうしたものは、星野さんが構想していらっしゃるんでしょうか。

星野源守護霊　いや、それは、いろんな方がかかわっていらっしゃるから、ちょっと、「全部、私が」ということは言えないですねえ。

ただ、結局、私の「人の気の惹《ひ》き方」っていうのは、はっきり言ってしまえば、「かわゆい」って言っていただきたい感じのほうに引っ張っていくわけですよ。

だから、「かわゆい」「この人、かわゆい」って感じで言ってほしいから、服装とか、いろんな周りのものも、そういう感じになってはいきますね。「かっこいい！」とかじゃないわけね。「かっこいい！」とか、「素敵《すてき》！」とかいうのではない。絶対、ない。できるだけ、「かわゆい」っていう感じに持っていきたいのでね。

だから、動きも、そんな大げさな動きはほとんどしないし、共演してる方

星野源
守護霊が語る
「人気のヒミツ」

結局、私の
「人の気の惹《ひ》き方」っていうのはね、
はっきり言ってしまえば、
「かわゆい」って言って
いただきたい感じのほうに
引っ張っていくわけですよ。

とても、殴《なぐ》り合いをするような派手な立ち回りはやらない。もう、かすかな瞬《まばた》きとか、かすかな手の動きとか、肩《かた》の落とし方とか、天井《てんじょう》を見上げている姿とか、そういう「かわゆい感じ」で攻《せ》めているんですよ、基本的には。

大川紫央　（笑）

星野源守護霊　（大川紫央を指して）笑われてる。ペットにしてくれませんか？

大川紫央　フフフッ（笑）。また、機会があれば（笑）（会場笑）。

星野源守護霊　そうですか。

8 「プロの独身」を続けることの〝難しさ〟とは

好みのタイプは「箱入り娘《むすめ》」的な女性

磯野　ちなみに、星野さんは、どういったタイプの女性がお好きでいらっしゃいますか。

星野源守護霊　ええーっ？　もう、そういうものは、ほとんど言う資格がないのではないかと思うんですが。

自分に不釣《ふつ》り合いなような方に、外見ではなく、私《わたくし》の〝魂《たましい》〟を愛していただいて、成り立つような感じがいいなと思っているわけです。

はっきり言えば、外見はよければいいに越《こ》したことはありませんが、外見があまりよろしい方の場合は、何か、男性に対して男性慣れしすぎていて、男性を無下《むげ》に扱《あつか》う癖《くせ》がおありになることが多いので、やっぱり、それだとちょっと〝弱って〟しまうから。

だから、本来モテていいような女性ではあるけども、何か、もうちょっとのところで自制心があって、ブレーキがかかって、派手な行動に出られないでいるような、「箱入り娘《むすめ》的な」っていうか、何か、〝お父さんの教え〟みたいなもので縛《しば》られているような感じの人がいいですね。

星野源
守護霊が語る
「人気のヒミツ」

自分に不《ふ》釣《つ》り合いなような方に、
外見ではなく、
私《わたくし》の“魂《たましい》”を愛していただいて、
成り立つような感じがいいなと
思っているわけです。

共演した新垣結衣《あらがきゆい》は、「きれいだが、ときどき怖《こわ》い〝女神様《めがみ》〟」

磯野　やや、芸能ネタ的な質問になるかもしれないんですけれども、今回、「逃《に》げ恥《はじ》」で、新垣結衣《あらがきゆい》さんと共演されてのご感想などを、お伺《うかが》いできればと思います。

星野源守護霊　（『新垣結衣　写真集　まっしろ』を手に取り、掲《かか》げながら）この人でしょう？　ねえ？

いや、私なんかより、もっと〝いい男〟と共演したほうが値打ちは上がったんじゃないですかねえ。かわいそうだなあ。かわいそう。

でも、私なんかと共演したら、基本的に、濡《ぬ》れ場みたいなのはありませんからね。そういう意味で、安全は安全で、彼女の清潔感が穢《けが》されないで済むところはありますよね。

だから、もっといい男を出してきたら、やっぱり、そういうシーンが出てきそうじゃないですか、なんかね。

だけど、私なんかとはねえ、プーチンさんじゃないけども、「温泉旅館へ一緒《いっしょ》に行っても何もない」っていうストーリーをつくっても、「まあ、そうだろうな」と、みんなが、ある程度、受け入れてくれるじゃないですか。

だけど、新垣さんがDAIGO《ダイゴ》みたいなのと一緒に行ったら、それは、「何もないことはないでしょう、男と女が一晩《ひとばん》いて」っていう感じになるじゃないですか、基本的にね。

そういう意味で、彼女は私と共演して〝救われた〟んじゃないですかねえ。

聖女《せいじょ》的イメージが失われないで済みましたよね。
（新垣結衣の写真集を眺《なが》めながら）いい人だなあ。きれいだな。

磯野　（笑）

星野源守護霊　遠くから見ると、もっといい。でも、近くから見るとねえ、本当はときどき怖《こわ》い。

磯野　そうなんですか。

星野源守護霊　ああ、ときどき怖い。「なんで、あんたの奥《おく》さん役をやらなきゃいけないのよ」みたいな感じで、ときどき怖いっていう。何か、箒《ほうき》でペッペッと掃《は》いてしまいたいような気分を本当は持ってるんじゃないかなあと思うところを、頑張《がんば》って爪《つめ》を隠《かく》してくださっているので。「雇用主《こようぬし》」にしていただいてありがたいなあと思っています。ときどき怖いけど、素敵《すてき》な方ですね。

でも、私は、この人の値打ちを下げないように、頑張ってやってきたつもりなんですけどね。

磯野　私も、以前から新垣さんは好きな女優さんではあるんですけれども、今回、「逃げ恥」で星野さんと共演されて、女性的なかわいらしさなど、新垣さんの魅力《みりょく》がよりいっそう引き立ったんじゃないかなと思います。

星野源守護霊　「引き立った」（苦笑）。

磯野　あっ、まあ……。

星野源守護霊　でも、この人も真面目《まじめ》な方なんですよ。もともと真面目な方でね。

だから、流行《はや》ったものでも、音楽の先生をやったりとかねえ（映画「くちびるに歌を」〔二〇一五年公開〕）、そんなのもやっていましたしね。

でも、何か、応援《おうえん》団長みたいな役もやったこと

映画「くちびるに歌を」（2015年公開／アスミック・エース）。主演の新垣結衣は、東京から帰郷して、中学校の音楽講師に着任するピアニスト役を演じた。

はある方だから（映画「フレフレ少女」〔二〇〇八年公開〕）、少し、型を外すこともできる方ではあろうと思うけど。

まあ、どちらかといえば、「純愛派」みたいなかたちの演技を、できるところまで続けていただきたい方ではありますよね。あんまり色気《いろけ》ムンムンの世界に、そんなにずーっと入ってほしくはない感じの、真っ白な雪のような方ですよね。だから、そういうところでは、すごく素晴らしい〝女神様《めがみさま》〟だなと思っています。

映画「フレフレ少女」(2008年公開／松竹)。主演の新垣結衣は、一目惚《ぼ》れした野球部員を応援したくて、廃部寸前の応援団の団長になる女子高生役を演じた。

磯野　ありがとうございます。

三十五歳《さい》で「プロの独身」を演じるのは万人《まんにん》に一人の難しさ

磯野　では、時間もだんだん迫《せま》ってきましたので、星野さんの「本質」というか、「本性《ほんしょう》」に迫ってまいりたいと思います。

星野源守護霊　本性……。本性は、何度も語ったじゃない。

磯野　（笑）いえ、いえ。

先ほど、ラジオパーソナリティのときのお話で、「実は、そんなに、下ネタなどを言う人ではないんだ」と、おっしゃっていたと思うんですね。

もちろん、女性に興味はお持ちだと思うのですが、パッと見はすごくあっさりとされていて、「そんな色事《いろごと》とかには関心はありません。自分は無害です。襲《おそ》ったりしませんよ」と言いつつも、実際、本当のところはどうなんでしょうか。

星野源守護霊　ハハッ（笑）（倒《たお》れ込《こ》むようなしぐさをする）。

磯野　（笑）（会場笑）

星野源守護霊　ああ、そういう意味だったんですか（笑）。私はねえ、もう「魂のルーツ」を訊《き》かれると思って、今、ドキドキ、ドキドキしていたんですけど……。

磯野 （笑）いや、いや、もちろん、「魂のルーツ」はお訊きしたいんですけれども……。

星野源守護霊 そうじゃなくて、「男の本性」のほうだったんですか。それは、ちょっと、予想が外れてしまいました。私は緊張《きんちょう》して、「どういうふうに本性を語ろうか」と、ちょっと……。

磯野 （笑）いえ、「魂のルーツ」は、このあとお訊きしますので、まずは、地上のご本人の正体を……。

星野源守護霊　正体（笑）。正体（笑）、うーん……。

（『働く男』を手に取って）「働く男」ですよ、「働く男」。意外に〝マメ男《お》〟君です。マメ男君なんです。マメ男君なんですけども、うーん、何だろうなあ。

一般《いっぱん》的には、自己実現しているところもあるんだとは思うけど。いろんな方面で、もっともっと自己実現したいけど、自分としては、「まだそこまで行ってない」っていう感じがすごく強いんですよね。

歌も、ほめてくださる方もいるんだけど、そんなに、国民的に知られるほどまでは行ってないし、演技をやっても、「プロの独身」ぐらいしかできないから、もうちょっとこう、演技派でねえ、いろんな役ができるといいなあ

星野源
守護霊が語る
「人気のヒミツ」

正体（笑）、うーん……。
「働く男」ですよ、「働く男」。
意外に“マメ男《お》”君です。
いろんな方面で、
もっともっと自己実現したいけど、
自分としては、
「まだそこまで行ってない」っていう
感じがすごく強いんですよね。

と思うんですけど。

まあ、世間《せけん》の見る目が、「このあたりがまだ付加価値が高い」と見てるんだろうから。三十五歳《さい》で、童貞《どうてい》役で堂々と通せるっていうあたりがね。「やっぱり、さすがに無理でしょう。二十五歳だったらいけるかもしらんけど、三十五歳は無理じゃないですか」と、こう思われるところを……。まあ、芸能界で、三十五歳で、「プロの独身」「童貞男」って、そらあもう、万人《まんにん》に一人ぐらいの難しさですから。すごい激しい競争を勝ち抜《ぬ》いて、現在の立場を得てるんですよ。

それはすごいですよ。もう、「三振《さんしん》に次ぐ三振を続けて、それでまだ、クビにならずに残ってるのか」っていうような、そういう感じですねえ。八番バッター、九番バッターあたりで、いつも「ピッチャー前ゴロ」しか打てな

星野源守護霊が語る「人気のヒミツ」

三十五歳《さい》で、童貞《どうてい》役で
堂々と通せるっていうあたりがね。
芸能界で、三十五歳で、
「プロの独身」「童貞男」って、
そらあもう、
万人《まんにん》に一人ぐらいの難しさですから。
すごい激しい競争を勝ち抜《ぬ》いて、
現在の立場を得てるんですよ。

いくせに、まだクビにならないっていう。

まあ、鉄壁《てっぺき》の守備を誇《ほこ》っているのでね。私のほうへ球《たま》が飛んでこないだけなんですけど（笑）。「だから、（球を）落とすこともなく、ミスがないということで、『守備』を評価されて残っておるんです。ヒットは打てませんけど」っていうような、そんなところですわね。

（『働く男』の表紙を見せながら）でも、あなた、この顔でね、例えば、「吉原《よしわら》へ行って遊んだ」なんて、みっともないでしょう？　汚《きたな》いじゃないですか。もうやめてほしいでしょう？　だから、そういう想像はしてほしくないんですよ。「歌舞伎町《かぶきちょう》で遊んだ」とか、汚いから、そういう想像はしていただきたくないんですよ。そういうものから離《はな》れて、セイント（聖人《せいじん》）でありたいんですよ、私はね。

何て言うか、「初めて女性を経験するときは、ガッキーさんのような、聖女のような方と、『向こうが主導権を握《にぎ》って、筆下《ふでお》ろしをしてみたい』という感じのシチュエーションでなければ、男を守り抜く」っていう、そういう意地がないわけではないですね。

分かった？　分からない？

磯野　（苦笑）ありがとうございます。

9　星野源の霊的《れいてき》真実が明らかに

過去世《かこぜ》では、「踊《おど》って歌って伝道していた」？

磯野　では、霊的《れいてき》な本質のほうに迫《せま》りたいと思います。星野さんは、「聖《セイント》☆おにいさん」のブッダ役をされたりしていますし、今回の守護霊インタビューでも、かなり仏教的な教えが出ていましたので……。

星野源守護霊　そうなんです。そうなんです。マンガで勉強したんですよ、ほんとねえ（会場笑）。

磯野　（苦笑）過去世《かこぜ》で仏教を学んでいた方というわけではなく、今世《こんぜ》、マンガで（仏教を）お勉強なさったんですか。

星野源守護霊　ええ、今世はね。まあ、本だって読めますよ。活字が書けるんだから読めますよ。まあ、それは、そんなに深くは必要ありませんけど。ただ、いちおう、（ブッダの）声優をやるにしてもですねえ、単に、マンガだからといって、ブッダをジャラジャラッとした感じでやってはいけないから。もし、そういうふうにやるにしても、やっぱり、ある意味での、何て言うの？　「仏教とは何か」っていうことを悟《さと》らなきゃいけないし、「キリスト教との違《ちが》い」は知ってなきゃいけないなあとは思ってるんですよ。

それを知っていてこそ、笑いが取れる。「落差《らくさ》」で笑いが取れるので。知らないでいると、「落差」がないから笑いが取れないんですよ。

そうなんです。やっぱり、「落差」なんですよ。笑いっていうのは基本的に「落差」で生まれるから。そういう、「知ってる」っていうことが大事なんで、かすかではあるけれども、私なりに勉強はしてるんですよ、ほんとにねえ。

だから、私は、意外に「宗教的人間」だなと思ってます。過去世では、やっぱり、宗教修行《しゅぎょう》をして、仏教修行などをして、男性でも女性でもない境地に達した人間じゃないかなあと思います。

大川紫央　今、お話しされている守護霊様ご自身は、どんな時代に、どんなお仕事をされていたのでしょうか。

星野源守護霊　えっと、もう亡《な》くなられたけれども、おたくに作家の景山民夫《かげやまたみお》さんって方がいらっしゃるでしょう?

あの方は、（過去世で）日本で踊念仏《おどりねんぶつ》っていうのをやられた方というふうに言われてますよね? 一遍《いっぺん》ね（注。故・景山民夫氏の過去世は鎌倉《かまくら》時代の時宗《じしゅう》の開祖、一遍と推定される。『小説家・景山民夫が見たアナザーワールド』（幸福の科学出版刊）参照）。

踊念仏っていうのは、一人で踊《おど》っても面白《おもしろ》くない

景山民夫（1947 ～ 1998）
小説家、放送作家。数々のバラエティ番組の構成を手掛け、タレントとして自らも出演。その後、『虎口からの脱出』で小説家としてデビューし、1988年には『遠い海から来たCOO《クー》』で直木賞を受賞。幸福の科学本部講師も務めた。

◀『小説家・景山民夫が見たアナザーワールド』（幸福の科学出版刊）

ですよね？　ほかにも踊る人が必要ですよね？

大川紫央　一遍様と一緒《いっしょ》に踊られていた？

星野源守護霊　そう。だから、私、ダンスがうまいんですよ。だから、踊れるんですよ。踊って、伝道する。踊って、歌って、伝道する。

大川紫央　では、景山民夫さんとは深いご縁《えん》がおありなんでしょうか。

星野源守護霊　あっ、やっぱり、景山先生からも、執筆《しっぴつ》するときの〝直木賞《なおきしょう》的インスピレーション〟は降りてくるんですよね。そのうち、もらえるかもしれない。直木賞が出るんじゃないですかねえ。

磯野　なるほど。

「『女性の口説《くど》き方』っていう本を出していただけないかなあ」

磯野　今回のインタビューでは、幸福の科学の仏法真理《ぶっぽうしんり》用語もお

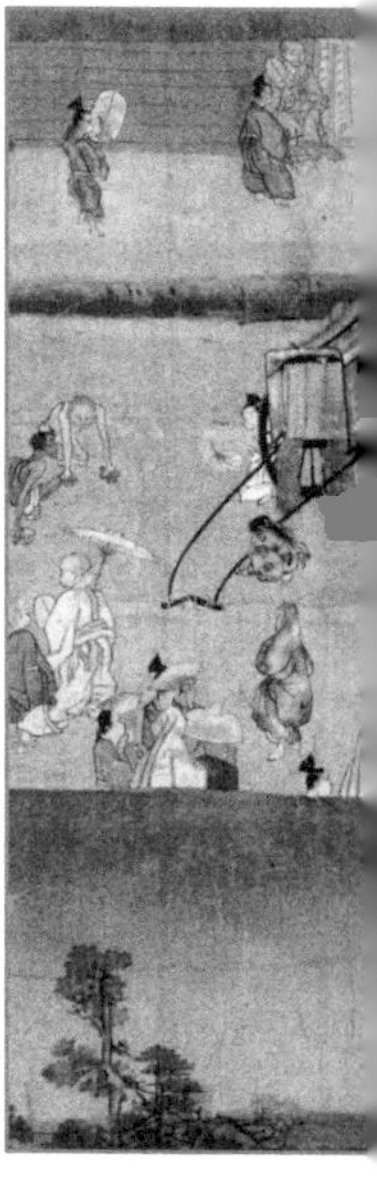

「一遍《いっぺん》上人伝絵巻　巻第七」（画：円伊／1299年／東京国立博物館蔵）。櫓《やぐら》（画中央）のなかで踊念仏をしている場面を描いている。時宗の開祖・一遍（1239～1289）は、信徒たち（時衆《じしゅ》）と共に全国各地で踊念仏を行い、広く民衆を教化した。

使いになっていましたので、もしかして、大川隆法総裁の著書もお読みになられたり……。

星野源守護霊　それはそうでしょう。「聖☆おにいさん」をやっててね、勉強しないわけにはいかないでしょう。それはそうですよ。

「現代の日本にブッダが生まれたとしたら」っていう「イフ」を付けたらねえ、誰《だれ》だって大川総裁を勉強せざるをえないですよねえ。これは逃《に》げられないですよ。もう日本の常識ですから。何を調べても、大川隆法総裁のところに辿《たど》り着きますから。必ずそうなりますので。

まあ、全部勉強してるとまでは言いませんけども、いろんなかたちで勉強させていただいています。はい。

林　勉強されたなかで、特に心を惹《ひ》かれた教えは何ですか。

星野源守護霊　うーん……。やっぱりねえ、ちょっとまだ、うーん。心を惹かれたというよりは、私のほうからのリクエストのほうが強いのかなあ。『女性の口説《くど》き方』っていう本を出していただけないかなあ。アハハハハ（笑）。そういうのが欲《ほ》しいなあ。『一回で女性を口説く法』とか、『五分で落とす法』とか、そういうのを何か書いてくれないかなあ。悟りの言葉でパシッと。そういうのが欲しいいな。

私はねえ、いわゆる「聖女《せいじょ》タイプ」が好みなんですよ。（新垣結衣《あらがきゆい》の写真集を見ながら）実は、こういう聖女のタイプが好きなんです。

だけど、聖女のタイプはなかなか難しいんですよ。ほんと、アマガエルが柳《やなぎ》の葉っぱに飛びついてるような感じの難しさがあって、なかなか〝届かない〟んですよね。やっぱり、ブッダの悟りの言葉が必要なんですよね。「こういう言葉を使うんだ」っていうことを、ちゃんと教えていただきたい。

例えば、こちらの偉大《いだい》な総裁補佐《ほさ》（大川紫央）なんか、もう女神《めがみ》のなかの女神のような方で、聖女で。まあ、私は、「あと一千万年ぐらい生まれ変われば、もしかしたら近くに寄れるんじゃないか」と、今、思ってるんで。（林を指して）こっちの方だって、どう見たって聖女ですよね。聖女のなかの聖女で、アマガエルが高い高い柳の葉っぱに飛びつくぐらいの距離《きょり》を感じますから。

こうした聖女は、どういうふうに口説いたらいいのか、総裁の悟りの言葉を本にまとめていただきたいなと。
その企画《きかく》、上がりませんかね？

磯野　まあ、（この霊言を通して）大川総裁がお聞きになられていますので……。

星野源守護霊　ニュースター・プロダクションで、そういうのを企画していただければ。さっき会長をやっておられるって言ってたから。せっかく会長をやっておられるなら、「スターの口説き方」とか、なんか、そういうの、ないんですかねえ？

大川紫央　では、ほかの時代の転生《てんしょう》としては何か……（笑）（会場笑）。

星野源守護霊　（笑）ケホッ（咳《せき》をする）。

ほかの時代はねえ、平々凡々《へいへいぼんぼん》としたもんですよ。そんな、語るほどのものではございません。間違っても、「光源氏《ひかるげんじ》のモデルだった」とか、そんなようなことは、私は決して申しませんので。

まあ、「存在はしてた」と思いますよ。古くを辿《たど》れば、牛や馬だったかもしれないとは思うんですけども（笑）、ここ何千年かは、比較《ひかく》的、人間であったことが多いんではないかなあとは思います。

ただ、動物であっても文句《もんく》は言えないかなっていう。なんか、重荷を背負って駄馬《だば》が歩いている感じとか、痩《や》せ馬とか、自分のイメージとしては、そういう感じがないわけではないし、「痩せた犬で生まれて、〝すき焼き〟にして食べられた」みたいな感じもないわけではないので、「畜生道《ちくしょうどう》にでもいて、そんなことを経験したのかなあ」とか思うことも多少あるんですけどねえ。でも、それは古い記憶《きおく》かもしれないので。最近では、比較的、人間であったのではないかなあと思っております。

それはねえ、できたら、「お釈迦《しゃか》様の時代に……」とか言いたいけども、いたとしても、おそらく、一椀《いちわん》のお粥《かゆ》でも差し上げてたら、それでもう十分なぐらいの活躍《かつやく》だと思うので。「そこまで言ったら嘘《うそ》になるかどうかは微妙《びみょう》」というあたりの、平々凡々とした人生を繰《く》り返しております。ええ。

ときどき、あるいは動物に生まれながらも、あくまでも人間に執着《しゅうちゃく》していこうと思ってるようなところです。はい。

10　星野源守護霊、野望を語る!?

「男にはアマガエルのようなタフネスさが必要」

磯野　「アマガエル」という言葉が何度も出てきてはいるんですけれども、もしかして、アマガエルとして転生《てんしょう》されたことがおありとか……（笑）（会場笑）。

星野源守護霊　（笑）ううーん！　いや、それは顔がたまたま似てるからであって……。

磯野　霊体《れいたい》がアマガエルというわけではないんですね（笑）。

星野源守護霊　顔がたまたま似てるんであって、アマガエルに転生するって（笑）、ちょっと厳しいなあ！　うーん……。

磯野　今日の総裁のご衣装《いしょう》が、緑とか、黄色とか……。

星野源守護霊　ああ！　うーん。それはまずいな。まずいじゃないですか。うーん、アマガエル……、アマガエル……、「ヨミガエル」とか、こんなのだったらいいいんじゃないの。「黄泉《よみ》がえり」（二〇〇三年一月公開の日本映画）とか、ありましたよね。ヨミガエリ……。アマガエル……。

磯野　自己イメージがアマガエルということではないんですよね？

星野源守護霊　いや、映画（「箱入り息子《むすこ》の恋《こい》」）でアマガエルみたいな男を演じたことはあるので、それはあるけど。まあ、ちょっと似てはいますよね。

このアマガエルのイメージっていうのは、ある意味では、「蛙《かえる》の面《つら》に何とか」っていう、あれですねえ。

何て言うかなあ、宮沢賢治《みやざわけんじ》的に、「雨ニモマケズ　風ニモマケズ」的な、人生の、いろんな厳しい試練と自虐《じぎゃく》ネタのなかを、（平泳ぎのしぐさをしながら）こう泳ぎ渡《わた》ってる感じがね。それは似ています。そういうところはありますね。

だから、動物にたとえれば、それは似てるとは思います。アマガエルの偉《えら》いところは、まあ、土砂降《どしゃぶ》りの雨のなかでも生きていられるしね。それから、小便をかけられても生きていられる。「蛙の面に何とか」で、平気で生きていられる。それが「人生のタフネスさ」ですよね。やっぱりねえ、男はタフでなきゃ生きていけませんよねえ。地べたに這《は》いつくばってでも、水たまりのなかを泳ぎ渡ってでも、何とかして生き残っていくっていう。そういう面は、私はあると思うんですねえ。

「今にきっと、見事なジャンプを決めてやるぞ！」と思っていますからね。そのうちねえ、私の結婚《けっこん》ニュースも流れると思いますけどね。

星野源
守護霊が語る
「人気のヒミツ」

やっぱりねえ、男はタフでなきゃ
生きていけませんよねえ。
地べたに這《は》いつくばってでも、
水たまりのなかを泳ぎ渡ってでも、
何とかして生き残っていくっていう。
そういう面は、
私はあると思うんですねえ。

磯野　そういうお話があるんですか。

星野源守護霊　いやあ、まあ、まあ、ものの話だけども、やっぱり、みんながね、「えーっ!?」っていうような感じで発表したいですねえ。それで、「一年で破局《はきょく》」とかになる可能性は高いとは思うんですけど（笑）。

今、一生懸命《いっしょうけんめい》働いてるのは、できるだけお金でも稼《かせ》いでですねえ。まず、通帳を持っていって、「これだけ貯金があります。これだけ入ってます。だから、私が売れなくなっても、とりあえず、死ぬまでは食べていけます。こういう条件でいかがでしょうか」と。このあたりで口説《くど》ける人ならいいですね。

「これからも売れ続ける」っていう条件をつけられたら、それは分からん。まったく分からないので。ええ。

（大川紫央に）雇《やと》ってくださいよお。おたく、性格俳優とか、歌手とか、要《い》らないですか？

大川紫央　それは、来ていただけるなら、拒《こば》むものは何もないと思いますけれども（笑）（会場笑）。

星野源守護霊　いや、そんなこと、あると思いますよ。「流れが変わる」って、きっと言われると思いますよ。「プレアデスには、こんな動物は生きていない」とか、きっと、絶対言われる。「価値観の変革」っていうの、

●プレアデス　「昴《すばる》」とも呼ばれる、おうし座にある散開《さんかい》星団。美と愛と調和を重んじ、欧米人に近い体格を持つ人類型宇宙人が住んでいるという。「魔法」や「ヒーリングパワー」が使える。また、日本の芸能界にも影響を与えているという。『ザ・コンタクト』『景気をよくする人気女優 綾瀬はるかの成功術』（共に幸福の科学出版刊）等参照。

「多様化」とか……。

磯野　宇宙の話が出たのでご質問いたしますが、星野さんは、どちらの……。

星野源守護霊　星。「星野」ね。名前がね。星野、星野。「星野の源《みなもと》」でしょう？

この名前からいくとですねえ、大宇宙の根源神と何か関係がある……。

磯野　いや、「妄語《もうご》」はよくないので、「真実語」でお願いします（笑）。

星野源守護霊　星は好きですね。それから、なんか、根源の神は好きですねえ。だから、私はねえ、きっとねえ、大昔に、エル・カンターレと共に生まれた〝最初のカエル〟か何かなんじゃ……（会場笑）。

磯野　いやいや（笑）。

星野源守護霊　え？

磯野　真実語で（笑）。

星野源守護霊　最初のカエルなんじゃないですかね。「カエルという生き物

●エル・カンターレ　地球系霊団の最高大霊。地球神として地球の創世より人類を導いてきた存在であるとともに、宇宙の創世にもかかわるとされる。「エル・カンターレ」とは、「うるわしき光の国、地球」の意。『太陽の法』（幸福の科学出版刊）等参照。

が世界にも必要であろう」、「カエルよ、出《い》でよ」って。それで、ピョンッと出てきた。これが私じゃないですかねえ。

どこかで「男になってみたい」という気持ちも

大川紫央　今日のお話全体を通しましても、すごくファンも多い方であるのに、慢心《まんしん》するような感じではなくて……。

星野源守護霊　それは、む、む、む、無理です。できないです。

大川紫央　自分を高く見せずに、それを逆に魅力《みりょく》に変えていらっしゃって、人の心を惹《ひ》きつけておられるのだろうとは思うんですけれども、ファンのみなさまに何かメッセージなどございましたら、お願いいたします。

星野源守護霊　（『新垣結衣　写真集　まっしろ』を開いて見ながら）はい。もっともっと私の人気を高めていただいて、次は、新垣結衣《あらがきゆい》さんと入浴シーンが撮《と》れるようなところまで〝出世〟したいなと思ってます。どうか、応援《おうえん》してください。

それが見たかったら、「ぜひ見たい」「見たい」「見たい」って投書をいっぱいしてくださったりすると、もしかしたら実現するかもしれない。特別バージョン？　「逃《に》げ恥《はじ》」の〝特別バージョン〟で、「ついに童貞《どうてい》を捨てる日が来た」っていう感じでね。「新垣さんと、山口県長門《ながと》市の温泉の離《はな》れ宿、プーチンが泊《と》まった部屋で、ついに遂《と》げた！」っていう感じの特別バージョンをつくってくれないかなあ、一回分。そうすると〝成仏《じょうぶつ》〟できるような気がするなあ（注。ドラマ「逃げるは恥だが役に立つ」の第十話で、二人は結ばれたことになっているが、いわゆるベッドシーンのようなものはなかった）。

感動しない？

磯野　逆に投書が来ないかなと……（苦笑）。

星野源守護霊　え？　投書が怖《こわ》い？

磯野　いえ、投書が来ない。

星野源守護霊　来ない？　来ないですかねえ。

磯野　やはり、星野さんには、「聖《セイント》☆おにいさん」のブッダのような役柄《やくがら》でいていただきたいなあという憧《あこが》れがあるのですが。

星野源守護霊　そうなんですよねえ。戒律《かいりつ》を守ってるからね、この役。周りに、女性を拒絶《きょぜつ》する雰囲気《ふんいき》がいつも漂《ただよ》ってるんですねえ。ステージの上にいても、周りに何メートルか、〝女性を拒絶する透明《とうめい》のオーラ〟が出てるんですよ。ここはねえ、どうしてもいかないんですよねえ。女性が入れない。「うわっ、ここから先は入れない」みたいな感じがあるんですよね。

〝長い間、修行《しゅぎょう》を続けてきたカエル〟なんでしょうねえ、きっと。そう思います。
でも、やっぱり、私は、こういう方（林）とか、こういう方（大川紫央）とかに惹かれるんですよねえ、すごく。

磯野　やはり、非常に宗教的な魂《たましい》でいらっしゃるんですね。

星野源守護霊　そう。そうなんですよ。ピンッと筋《すじ》が通ってて、DAIGO《ダイゴ》みたいな男には決してなびかない、ガンとした、しっかりしたものを持っている感じの人がいいですねえ。
いい男なら、共演したら、女優さんを次々とモノにできるんでしょうねえ。でも、私は、そういう肉食系ではないので、それはありません。

悔《くや》しいねえ。いい男になってやるぞお！（手を一回叩《たた》く）きっと、そのうち、究極の二枚目役で出てやるからね。見ておれ。

磯野　応援しております。

星野源守護霊　ドナルド・トランプ型で行こうと思うな。ああいうねえ、巨万《きょまん》の富を持っておれば、美女は、いくらでも、どうにでもなるっていう。あんな感じがいいねえ（会場笑）。次は、大富豪《だいふごう》の役、いきたいねえ。

磯野　いや、先ほど、「自分の内面を愛してくださる女性がいい」とおっしゃっていたじゃないですか（笑）（会場笑）。

星野源
守護霊が語る
「人気のヒミツ」

悔《くや》しいねえ。
いい男になってやるぞお！
きっと、そのうち、
究極の二枚目役で出てやるからね。
見ておれ。

星野源守護霊　ああ、そうか。そうだ、そうだ。まあ、そうなんですけど。そういう、少女マンガ風の自分もあるんですけどね。

でも、どこかで、「男になってみたいなあ」っていう気持ちはありますね。

「もっと偉《えら》くなった私で、もう一回、帰ってきたいね」

星野源守護霊　今、小《しょう》ブレイクしてますけど、ピコ太郎《たろう》と大して変わらないブレイクなんですよ。ピコ太郎が消えたら、私も消えてる可能性は高いので、今、次の職業

ピコ太郎
歌手。2016年8月、YouTube上に投稿した「ペンパイナッポーアッポーペン(PPAP)」を歌う動画が世界中で大ヒットし、「2016年動画グローバルランキング」で日本人初の2位にランクイン。同年の紅白歌合戦にも出場した。お笑いタレントの古坂大《こさかだい》魔王《まおう》が扮している。

を考えなきゃいけないなと思ってるんですよねえ。
ニュースター・プロダクションの非正規雇用《こよう》職員とか、どうなんでしょうかね。

磯野　もし、ご縁《えん》がございましたら、ぜひ。

星野源守護霊　いやあ、私の出るような……、いや、でも、宗教でしょう？　宗教のドラマだったら、そういう禁欲的な童貞力《りょく》っていうのは、やっぱり……。あ、「童貞力」っていう題の映画をつくればいい。そしたら、宗教映画としては、絶対ヒットですよ。

磯野　（苦笑）

大川紫央　いちおう、神様は信じていらっしゃるんですか?

星野源守護霊　当然ですよ。神様も仏様も何でもありですよ。とにかく、尊いものに、いつも手を合わせて生きていますから。

磯野　では、益々《ますます》のご活躍《かつやく》を、心よりお祈《いの》りしております。

星野源守護霊　やっぱり、あなた（磯野）も、褌《ふんどし》姿で見てみたいな。その姿をねえ。

磯野　人様《ひとさま》にお見せできる体ではないので（笑）。

星野源守護霊　いや、それがいいんですよ。恥《は》ずかしそうに、（身をかがめながら）こうするところがねえ。あんた、男性に見えるけど、ほんとは女性かもしれない。その感じがね、いいんですよねえ。うーん。いいなあ。いいとこにいるなあ。次、共演しません？　宗教映画か何かで。ね？

磯野　（苦笑）

星野源守護霊　（磯野に）あなたは「聖☆おにいさん」のキリストで、私がブッダのほうでね。時代は江戸《えど》時代ぐらいに設定して、弥次喜多道中《やじきたどうちゅう》風に、「東海道中、さまざま女難《じょなん》を避《よ》けつつ、仏像を届ける」とか何か、そんな役なんか、どうですかねえ。

磯野　もし、機会がございましたら（苦笑）。

星野源守護霊　あなたの背中を流してみたい。（両手を前に出して上下に動かしながら）お湯で、こう。

磯野　あの、そういった趣味《しゅみ》はございませんので（苦笑）（会場笑）。

星野源守護霊　草津《くさつ》の湯で、一生懸命、背中を流してみたいなあ。

磯野　結婚もしておりますので。

星野源守護霊　いやいや。それは別れてください（会場笑）。やっぱり、独身が似合ってます。独身でいきましょう、独身で。

大川紫央　では、本日は、どうもありがとうございました。

星野源守護霊　これでいいの？　そう。なんか、もうひとつ盛り上がらなかったですねえ。

やっぱり、紅白の「トリ」になれるぐらいのところまで行きたいなあと思ってるんですけどねえ。もっと偉《えら》くなった私で、もう一回、帰ってきたいね。アイ・シャル・リターン。

大川紫央　でも、随所《ずいしょ》で、参考になるお話も聞かせていただけたので。

星野源守護霊　ありました？

大川紫央　はい。

星野源守護霊　そうなんですよねえ。私みたいなのを許容するキャパシティーが、宗教的芸能には、ぜひ必要なんで。

あ、景山《かげやま》さんとの深い縁を、先ほど指摘《してき》しましたね。だから、私、そのうち、直木賞《なおきしょう》を取りますからね。今から〝先物買《さきものが》い〟しといたほうがいいですよ。
●景山民夫《たみお》賞ってあるんでしょう？　私に出してください。

大川紫央　（苦笑）

星野源守護霊　いいと思うなあ。
もし、食えないときのね、保険が必要ですから。ええ。芸能人はね、みんな、宗教を食えないときの保険にしてるところもありますから。万一《まんいつ》のとき、

●景山民夫賞　幸福の科学出版が主催する「幸福の科学ユートピア文学賞」において、「真理の素晴らしさを広く普及しうる内容で、かつ、エンターテインメント性の高い作品」に贈られる賞のこと。

飢《う》え死にしそうになったときには、助けを求めて、「何とか、お願いします」、「みなさん、切符《きっぷ》を買ってください」って、最後、お願いするところが宗教ですので。まあ、ご縁ができたので、よろしくお願いしますよ。うん。

磯野　本日は、まことにありがとうございました（苦笑）。

星野源守護霊　これで、いいんですか？

磯野　はい。

星野源守護霊　はい。じゃあ、どうも。

11　星野源の守護霊霊言《れいげん》を終えて

大川隆法　（手を二回叩《たた》く）うーん（首をかしげる）。

よろしいですかね。

〝お面《めん》を外《はず》す〟ところまでは行きませんでした。自分の世界を完全に守っていますね。まあ、こういう人なのかな。

でも、多少の宗教性はある感じはするのと、戒律《かいりつ》的なものに少し反応するところをお持ちなのかなという気はしましたね。

今の「童貞《どうてい》、独身男」の役の次があるとしたら、確かに、多少、宗教的な映画なども出やすいかもしれません。そういう役柄《やくがら》というのは、多少あるのかもしれないですね。

まだ、これからの役どころを探しているところなのでしょうか。そのように感じました。

ズバッと、「それで、本当はどうなんですか?」と訊《き》きかねましたけれども、やはり、それは、向こうのほうとしては危機管理的問題なので、そんなに簡単には語れないところもあろうかと思います。

では、今後、幸福な人生を送られますことをお祈《いの》りいたしまして、今日は終わりにします。

ありがとうございました(手を一回叩く)。

質問者一同　ありがとうございました。

あとがき

私の創立したハッピー・サイエンス・ユニバーシティ（ＨＳＵ）には、『未来創造学部』が誕生し、その中には「芸能・クリエーターコース」もあり、スターの卵たちも勉強中である。

星野源人気が二〇一七年以降も続くかどうかは、まだまだ未知数だが、世《せ》相《そう》研究の一つとして、欠かせないと考えて、あえて、「君は、35歳童貞男《どうていおとこ》を演じられるか。」という挑発的な副題で本書を出版することにした。

私は何か、「昭和の香り」、あえていえば、「昭和三十年代、四十年代の香り」を感じている。契約結婚などは、昭和的ではないが、バブル期以前の昭和の、やや禁欲的で、不自由だけれども、ささやかなところに喜び、幸せを見い出せる「あの感じ」があるのである。

そういえば、映画の『君の名は。』や『ぼくは明日《あす》、昨日のきみとデートする』にも似た感触があった。今、時代は、「共感の芸術」志向なのかもしれない。

二〇一七年　一月十七日

幸福《こうふく》の科学《かがく》グループ創始者兼総裁《そうししゃけんそうさい》　大川隆法《おおかわりゅうほう》

『俳優・星野源 守護霊メッセージ「君は、35歳童貞男を演じられるか。」』

大川隆法著作関連書籍

『太陽の法』（幸福の科学出版刊）

『小説家・景山民夫が見たアナザーワールド』（同右）

『景気をよくする人気女優 綾瀬はるかの成功術』（同右）

『ザ・コンタクト』（同右）

『「パンダ学」入門』（大川紫央 著 幸福の科学出版刊）

『20代までに知っておきたい〝8つの世渡り術〟』（同右）

俳優《はいゆう》・星野《ほしの》源《げん》 守護霊《しゅごれい》メッセージ
「君《きみ》は、35歳《さい》童貞《どうてい》男《おとこ》を演《えん》じられるか。」

2017年1月31日　初版第1刷

著　者　　大《おお》　川《かわ》　隆《りゅう》　法《ほう》

発行所　　幸福の科学出版株式会社

〒107-0052 東京都港区赤坂2丁目10番14号
TEL(03)5573-7700
http://www.irhpress.co.jp/

印刷・製本　株式会社 堀内印刷所

落丁・乱丁本はおとりかえいたします

ISBN978-4-86395-871-5 C0095
写真：Image TNM Image/Archives ／時事／スポーツニッポン新聞社／時事通信フォト

大川隆法 霊言シリーズ・人気の秘密に迫る

魅せる技術

女優・菅野美穂 守護霊メッセージ

どんな役も変幻自在に演じる演技派女優・菅野美穂――。人を惹きつける秘訣や堺雅人との結婚秘話など、その知られざる素顔を守護霊が明かす。

1,400円

「神秘の時」の刻み方

女優・深田恭子 守護霊インタビュー

人気女優・深田恭子の神秘的な美しさには、どんな秘密が隠されているのか？彼女の演技観、結婚観から魂のルーツまで、守護霊が語り明かす。

1,400円

時間よ、止まれ。

女優・武井咲とその時代

国民的美少女から超人気女優に急成長する武井咲を徹底分析。多くの人に愛される秘訣と女優としての可能性を探る。前世はあの世界的大女優!?

1,400円

幸福の科学出版

大川隆法 霊言シリーズ・プロフェッショナルに学ぶ

俳優・香川照之の
プロの演技論
スピリチュアル・インタビュー

多彩な役を演じ分ける実力派俳優が語る「演技の本質」とは？「香川ワールド」と歌舞伎の意外な関係など、誰もが知りたい「プロの流儀」に迫る。

1,400円

1,400円

南原宏治の
「演技論」講義

天使も悪役も演じられなければ、本物になれない――。昭和を代表する名優・南原宏治氏が、「観る人の心を揺さぶる演技」の極意を伝授！

守護霊メッセージ
女優・芦川よしみ
演技する心

芸能界で40年以上活躍しつづけるベテラン女優の「プロフェッショナル演技論」。表現者としての「心の練り方」「技術の磨き方」を特別講義。

1,400円

※表示価格は本体価格（税別）です。

大川隆法 霊言シリーズ・クリエイティブの秘密を探る

1,400円

映画「君の名は。」メガヒットの秘密
新海誠監督の クリエイティブの源泉に迫る

緻密な風景描写と純粋な心情表現が共感を誘う「新海ワールド」——。その世界観、美的感覚、そして監督自身の本心に迫る守護霊インタビュー。

青春への扉を開けよ
三木孝浩監督の 青春魔術に迫る

映画「くちびるに歌を」「僕等がいた」など、三木監督が青春映画で描く「永遠なるものの影」とは何か。世代を超えた感動の秘密が明らかに。

1,400円

1,400円

AKB48 ヒットの秘密
マーケティングの天才・秋元康に学ぶ

放送作家、作詞家、音楽プロデューサー。30年の長きに渡り、芸能界で成功し続ける秘密はどこにあるのか。前田敦子守護霊の言葉も収録。

大川隆法 霊言シリーズ・現代作家の霊言

小説家・景山民夫が見たアナザーワールド

唯物論は絶対に捨てなさい

やっぱり、あの世はありました！ 直木賞作家が語る「霊界見聞録」。本人が、衝撃の死の真相を明かし、あの世の様子や暮らしぶりを面白リポート。

1,400円

山崎豊子 死後第一声

社会悪の追究、運命に翻弄される人間、その先に待ち受けるものとは――。社会派小説の第一人者が、作品に込めた真意と、死後に赴く世界を語る。

1,400円

遠藤周作の霊界談義

新・狐狸庵閑話

『沈黙』などの純文学やエッセイで知られる遠藤周作氏が霊界から贈る、劣等感や恋愛に悩む人、高齢者へのユーモア溢れる虚虚実実のアドバイス。

1,400円

※表示価格は本体価格（税別）です。

大川隆法 シリーズ・最新刊

1,400円

守護霊インタビュー ナタリー・ポートマン & キーラ・ナイトレイ ―世界を魅了する「美」の秘密―

英語霊言 日本語訳付き

世界を魅了する二人のハリウッド女優が、もっとも大切にしている信念、そして使命感とは？ 彼女たちの「美しさ」と「輝き」の秘密に迫る。

マハトマ・ガンジーの霊言 戦争・平和・宗教・そして人類の未来

英語霊言 日本語訳付き

どんな差別や憎しみも、乗り越えてゆける──。インド独立の父・ガンジーが、「神の愛と慈悲」の観点から現代の国際問題の解決策を読み解く。

1,400円

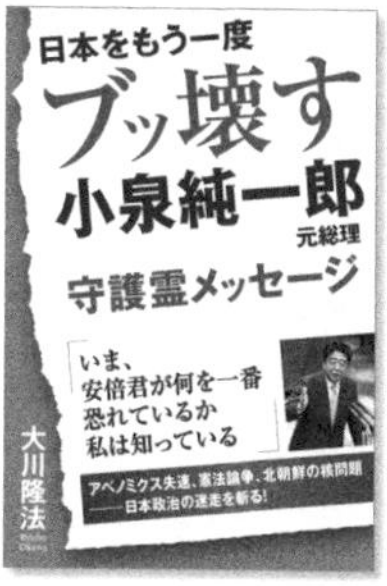

1,400円

日本をもう一度ブッ壊す 小泉純一郎元総理 守護霊メッセージ

「ワン・フレーズ・ポリティクス」「劇場型」の小泉政治と、「アベノミクス」「安倍外交」を比較するとき、現代の日本政治の問題点が浮き彫りになる。【幸福実現党刊】

幸福の科学出版

夏のあの日。
思い返せばわかることだった。
君のまなざしは、
すべて知っていたのだと――
君のまなざし
製作総指揮・原案／大川隆法
梅崎快人 水月ゆうこ 大川宏洋 手塚理美 黒沢年雄（特別出演） 黒田アーサー 日向丈 長谷川奈央 合香美希 春宮みずき
監督／赤羽博 総合プロデューサー・脚本／大川宏洋 音楽／水澤有一 製作・企画／ニュースター・プロダクション 制作プロダクション／ジャンゴフィルム
配給／日活 配給協力／東京テアトル ©2017 NEW STAR PRODUCTION
2017年 5月 ROADSHOW
kimimana-movie.jp
NIKKATSU

Welcome to Happy Science!
幸福の科学グループ紹介

「一人ひとりを幸福にし、世界を明るく照らしたい」――。
その理想を目指し、幸福の科学グループは宗教を根本《こんぽん》にしながら、
幅広い分野で活動を続けています。

宗教活動

幸福の科学【happy-science.jp】

- 支部活動【map.happy-science.jp（支部・精舎へのアクセス）】
- 精舎（研修施設）での研修・祈願【shoja-irh.jp】
- 学生局【03-5457-1773】
- 青年局【03-3535-3310】
- 百歳まで生きる会（シニア層対象）
- シニア・プラン21（生涯現役人生の実現）【03-6384-0778】
- 幸福結婚相談所【happy-science.jp/activity/group/happy-wedding】
- 来世幸福園（霊園）【raise-nasu.kofuku-no-kagaku.or.jp】

来世幸福セレモニー株式会社【03-6311-7286】

株式会社 Earth Innovation【earthinnovation.jp】

30th
おかげさまで30周年
2016年、幸福の科学は
立宗30周年を迎えました。

社会貢献

ヘレンの会（障害者の活動支援）【helen-hs.net】
自殺防止活動【withyou-hs.net】
支援活動
- 一般財団法人
「いじめから子供を守ろうネットワーク」【03-5719-2170】
- 犯罪更生者支援

国際事業

Happy Science 海外法人
【happy-science.org（英語版）】【hans.happy-science.org（中国語簡体字版）】

教育事業

学校法人 幸福の科学学園

- 中学校・高等学校（那須本校）【happy-science.ac.jp】
- 関西中学校・高等学校（関西校）【kansai.happy-science.ac.jp】

宗教教育機関

- 仏法真理塾「サクセスNo.1」（信仰教育と学業修行）【03-5750-0747】
- エンゼルプランV（未就学児信仰教育）【03-5750-0757】
- ネバー・マインド（不登校児支援）【hs-nevermind.org】
  - ユー・アー・エンゼル！運動（障害児支援）【you-are-angel.org】

高等宗教研究機関

- ハッピー・サイエンス・ユニバーシティ（HSU）【happy-science.university】

政治活動

幸福実現党【hr-party.jp】

- <機関紙>「幸福実現NEWS」
- <出版> 書籍・DVDなどの発刊
- 若者向け政治サイト【truthyouth.jp】

HS 政経塾【hs-seikei.happy-science.jp】

出版 メディア 関連事業

幸福の科学の内部向け経典の発刊

幸福の科学の月刊小冊子【info.happy-science.jp/magazine】

幸福の科学出版株式会社【irhpress.co.jp】

- 書籍・CD・DVD・BD などの発刊
- <映画>「UFO 学園の秘密」【ufo-academy.com】ほか８作
- <オピニオン誌>「ザ・リバティ」【the-liberty.com】
- <女性誌>「アー・ユー・ハッピー？」【are-you-happy.com】
- <書店> ブックスフューチャー【booksfuture.com】
- <広告代理店> 株式会社メディア・フューチャー

メディア文化事業

- <ネット番組>「THE FACT」【youtube.com/user/theFACTtvChannel】
- <ラジオ>「天使のモーニングコール」【tenshi-call.com】

スター養成部（芸能人材の育成）【03-5793-1773】

ニュースター・プロダクション株式会社【newstar-pro.com】

幸福の科学グループ事業

ハッピー・サイエンス・ユニバーシティ

Happy Science University

ハッピー・サイエンス・ユニバーシティ(HSU)は、大川隆法総裁が設立された「現代の松下村塾」であり、「日本発の本格私学」です。

学部のご案内

人間幸福学部

経営成功学部

未来産業学部

未来創造学部

政治家やジャーナリスト、俳優・タレント、映画監督・脚本家などのクリエーター人材を育てます。※

※キャンパスは東京がメインとなり、2年制の短期特進課程も新設します(4年制の1年次は千葉です)。

住所 〒299-4325 千葉県長生郡長生村一松丙 4427　TEL 0475-32-7770

ニュースター・プロダクション

NEW STAR PRODUCTION

ニュースター・プロダクション(株)は、新時代の“美しさ”を創造する芸能プロダクションです。2016年3月には、映画「天使に“アイム・ファイン”」を公開。2017年5月には、ニュースター・プロダクション企画の映画「君のまなざし」を公開予定です。

公式サイト newstarpro.co.jp

幸福実現党

党の機関紙「幸福実現NEWS」

内憂外患《ないゆうがいかん》の国難に立ち向かうべく、2009年5月に幸福実現党を立党しました。創立者である大川隆法党総裁の精神的指導のもと、宗教だけでは解決できない問題に取り組み、幸福を具体化するための力になっています。

幸福実現党 釈量子サイト
shaku-ryoko.net

Twitter
釈量子@shakuryokoで検索

若者向け政治サイト「TRUTH YOUTH」

若者目線で政治を考えるサイト。現役大学生を中心にしたライターが、雇用問題や消費税率の引き上げ、マイナンバー制度などの身近なテーマから、政治についてオピニオンを発信します。

truthyouth.jp

幸福実現党 党員募集中

あなたも幸福を実現する政治に参画しませんか

○ 幸福実現党の理念と綱領、政策に賛同する18歳以上の方なら、どなたでも党員になることができます。
○ 党員の期間は、党費(年額 一般党員5,000円、学生党員2,000円)を入金された日から1年間となります。

党員になると

党員限定の機関紙が送付されます(学生党員の方にはメールにてお送りします)。申込書は、下記、幸福実現党公式サイトでダウンロードできます。

住所 **〒107-0052**
東京都港区赤坂2-10-8 6階
幸福実現党本部

TEL **03-6441-0754**
FAX **03-6441-0764**
公式サイト **hr-party.jp**

入会のご案内

あなたも、幸福の科学に集い、
ほんとうの幸福を見つけてみませんか？

幸福の科学では、大川隆法総裁が説く仏法真理をもとに、
「どうすれば幸福になれるのか、また、
他の人を幸福にできるのか」を学び、実践しています。

入会

大川隆法総裁の教えを信じ、学ぼうとする方なら、どなたでも入会できます。入会された方には、『入会版「正心法語」』が授与されます。（入会の奉納は1,000円目安です）

三帰《さんき》誓願《せいがん》

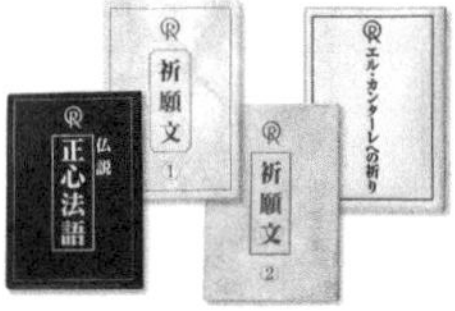

仏弟子としてさらに信仰を深めたい方は、仏・法・僧の三宝への帰依を誓う「三帰誓願式」を受けることができます。三帰誓願者には、『仏説・正心法語』『祈願文①』『祈願文②』『エル・カンターレへの祈り』が授与されます。

ネットからも入会できます

ネット入会すると、ネット上にマイページが開設され、
マイページを通して入会後の信仰生活をサポートします。

01 幸福の科学の入会案内ページにアクセス

happy-science.jp/joinus

02 申込画面で必要事項を入力

※初回のみ1,000円目安の植福（布施）が必要となります。

ネット入会すると……

●入会版『正心法語』が、ダウンロードできる。
●毎月の幸福の科学の活動トピックが動画で観れる。

INFORMATION

幸福の科学サービスセンター
TEL. 03-5793-1727（受付時間 火～金：10～20時／土・日・祝日：10～18時）
幸福の科学 公式サイト **happy-science.jp**